FILM- und FERNSEH-BÜCHER aus dem
BASTEI-LÜBBE-Taschenbuchprogramm:

- 13 001 Feuerkind
- 13 006 Ghostbusters
- 13 008 Shining
- 13 035 Cujo
- 13 039 Zurück in die Zukunft
- 13 043 Trucks
- 13 084 Top Gun
- 13 087 Ferris macht blau
- 13 088 Katzenauge
- 13 117 Das Geheimnis meines Erfolges
- 13 118 Lethal Weapon — Zwei stahlharte Profis
- 13 144 Robocop
- 13 189 Presidio
- 13 194 Angeklagt
- 13 219 Stirb langsam
- 13 242 Ghostbusters II
- 13 244 Karate Kid III
- 13 246 Abyss
- 13 247 Ghostbusters III
- 13 248 Zurück in die Zukunft II
- 13 280 Moon 44
- 13 282 Music Box
- 13 283 Pink Cadillac
- 13 284 Shocker
- 13 285 Die totale Erinnerung — Total Recall
- 13 304 Darkman
- 13 305 Geister-Daddy
- 13 307 Navy Seals
- 13 308 Und wieder 48 Stunden
- 13 309 Zurück in die Zukunft III
- 13 310 Robocop II
- 13 311 Dick Tracy
- 13 312 Flatliners
- 13 313 Turtles
- 13 314 Eine gefährliche Affäre
- 13 346 Geschichten aus der Schattenwelt
- 13 347 Zurück in die Vergangenheit
- 13 348 Der mit dem Wolf tanzt
- 13 349 Auf die harte Tour
- 13 378 Backdraft — Männer, die durchs Feuer gehen
- 13 380 Stone Cold — Kalt wie Stein
- 13 381 Wie verrückt und aus vollem Herzen
- 13 382 Terminatur 2 Tag der Abrechnung
- 13 383 Im Auge des Sturms
- 13 412 Wer erschoß John F. Kennedy
- 13 414 Der innere Kreis
- 13 415 Lebensgeister GmbH — Freejack
- 13 416 Ein Kartenhaus
- 13 444 Basic Instinct
- 13 446 Universal Soldier
- 13 447 Sweetheart
- 13 448 City of Joy
- 13 450 Der Bergdoktor
- 13 451 Die Stars von Beverly Hills, 90210

Randi Reisfeld

# Die STARS von BEVERLY HILLS, 90210

Eine unautorisierte Biographie

Ins Deutsche übertragen von
Edgar Bracht, Rolf Kalenberg und
Katharina Lintner

BASTEI-LÜBBE-TASCHENBUCH
Band 13 451

© Copyright 1991
by Randi Reisfeld
Published by arrangement with
Bantam Books, an imprint of
Bantam Doubleday Dell Book
for Young Readers, a division
of Bantam Doubleday Dell
Publishing Group, Inc.
All rights reserved
Deutsche Lizenzausgabe 1992
Bastei-Verlag Gustav H. Lübbe
GmbH & Co., Bergisch Gladbach
Originaltitel: The Stars of
Beverly Hills, 90210: Their
Lives and Loves
Titelbild-Fotovermerke:
Foto von Shannen Doherty
Copyright 1989 by J. D.
Ligier/Ron Galella Ltd.
Foto von Jennie Garth
Copyright 1991 by Danne Feld
Foto von Brian Green
Copyright 1990 by Mark
Leivdal/Shooting Star
Foto von Luke Perry
Copyright 1991 by Sunny Bak/
Shooting Star
Foto von Jason Priestley
Copyright 1989 by Barry King/
Gamma Liaison
Foto von Ian Ziering
Copyritht 1990 by
Robin Platzer/Twin Images
Urheberrechte der Fotos im
Innenteil in der Reihenfolge:
16 Magazine, Scott Downie/Celebrity Photo, Robin
Platzer/Twin Images, Janet
Macoska, Danny Feld, Alex
Oliviera/DMI, Janet Macoska,
Robin Platzer/Twin Images –
Danny Feld, James
Smeal/Ron Galella, Ltd.,
Randi Reisfeld, Randy Reisfeld, Janet Macoska - Christopher Voelker/Shooting
Star, Michael Jacobs/MJP
(2×), Christopher Voelker/Shooting Star – Randi
Reisfeld, Ron Galella/Ron
Galella Ltd.
Umschlaggestaltung:
Quadro Grafik, Bensberg
Satz: KCS GmbH,
Buchholz/Hamburg
Druck und Verarbeitung:
Brodard & Taupin, La Flèche,
Frankreich
Printed in France

ISBN 3-404-13451-6

Der Preis dieses Bandes
versteht sich einschließlich der
gesetzlichen Mehrwertsteuer.

Erste Auflage:
November 1992
Zweite Auflage:
November 1992
Dritte Auflage:
November 1992
Vierte Auflage:
November 1992
Fünfte Auflage:
Dezember 1992

*Für Stefanie und all ihre Freunde*

*Die Autorin dankt Stacey Woolf, Betsy Gould, Beverly Horowitz, Lauren Field und Frank Curtis für ihre Unterstützung, mit der sie dieses Buch möglich machten.*

*Marvin, Scott und Stefanie zugeeignet — in immerwährender Liebe.*

# Einführung

Ratlosigkeit machte sich breit auf den Führungsetagen von Fox-Television, einer amerikanischen Fernsehgesellschaft, die immer noch um höhere Einschaltquoten kämpfte. Die neue Serie, die bald anlaufen sollte, schien unter keinem günstigen Stern zu stehen: ein Schauspielerensemble ohne Superstars, ein merkwürdiger Titel mit einem Haufen Zahlen, die sich schließlich als Postleitzahl entpuppten, und schließlich noch ein reichlich abgenutztes Thema: Teenager-Probleme oder Von der Schwierigkeit, erwachsen zu werden.

Offenbar wußte niemand, was es wirklich auf sich hatte mit dieser neuen Soap-opera. Allen Unkenrufen zum Trotz wurde *Beverly Hills, 90210* ein Megahit; die Serie ist ein Phänomen der Popkultur; eine perfekte Mischung aus herausragenden Schauspielerleistungen, großartigem Drehbuch und Unterhaltung für die ganze Familie.

Ursprünglich sollte *Beverly Hills, 90210* unter dem Titel *Class of Beverly Hills* anlaufen. Die bestens konzipierte und flott geschriebene Geschichte von zwei Teenie-Zwillingen, die vom gemütlichen Minneapolis in die mondäne Welt von Beverly Hills verpflanzt werden, geht unbekümmert und direkt handfeste Probleme an: Hacker, Aids, Alkoholismus, Drogenabhängigkeit und Obdachlosigkeit.

Aber ›Probleme‹ und ›Herausforderungen‹ allein bescheren einer Fernsehserie noch kein Millionenpublikum. Ein Fernsehhit lebt in erster Linie von fesselnden Charakteren: In deren Leben müssen die Zuschauer mit ihren eigenen Alltagssorgen hineingezogen werden.

Genau das ist die eigentliche Stärke von *Beverly Hills, 90210*. Nach einem Jahr haben sich die Zuschauer mit den Protagonisten Brandon und Brenda Walsh so weit identifiziert, daß sie hinter deren Wohlstandsfassaden verletzliche Menschen wie du und ich sehen. Ganze Familien drängt es, den Lebensweg dieser Gestalten mitzugehen und zu verfolgen, wie sie mit den typischen Konflikten unserer Zeit fertig werden.

Und parallel dazu ziehen natürlich auch die Schauspieler, die diese Charaktere verkörpern, zunehmend Interesse auf sich. Längst haben sie sich für viele Fernsehzuschauer zu Leitfiguren ausgewachsen, wenn sie nicht schon den Stellenwert wahrer Freunde einnehmen. Von Jason Priestley und Shannen Doherty über Luke Pery, Jenny Garth, Ian Ziering, Gabrielle Carteris bis hin zu Tori Spelling und Brian Green mußte jeder dieser Schauspieler(innen) seine (ihre) ganz persönlichen Hindernisse auf dem Weg zum Ruhm überwinden. Und das Leben jedes dieser Stars ist eine faszinierende und einmalige Geschichte für sich.

So handelt dieses Buch also von jenen Menschen, die jeden Samstagabend all ihr Feuer und all ihr Talent einsetzen, um *Beverly Hills, 90210* zu einer vor Witz sprühenden Sendung zu machen.

# 1

# JASON PRIESTLEY

**Spielt: Brandon Walsh**

»Aaaah!« Das war — wimmernd und jammernd hervorgestoßen — die erste Dialogzeile überhaupt, die Jason Priestley als Schauspieler vorzutragen hatte. Und er beseelte diese Zeile mit all der Leidenschaft, die man von einem Schauspieler erwarten darf, der erst drei Monate auf der Bühne ist. Gleich auf sein erstes Stichwort hin stellte Jason es klar: Er ist der geborene Schauspieler.

Wie hätte es auch anders sein können, wuchs Jason doch von klein auf gleichsam ins Showbusiness hinein. Sein Großvater mütterlicherseits war Zirkusakrobat, seine ältere Schwester Schauspielerin und Fotomodell, und sein Vater hatte sich früher einmal als Bühnenbildner betätigt.

Seine Mutter war sogar ein echtes Multitalent, und unter dem klangvollen Künstlernamen Sharon Kirk schauspielerte sie, tanzte, sang und machte Choreographie. In ihrer Glanzzeit galt sie als eine der besten Balettänzerinnen Kanadas. »Ja, sie tanzte sogar bei zwei repräsentativen Aufführungen zu Ehren der Königin von England«, erinnert sich Jason nicht ohne Stolz. Und in einem ihrer Filme feierte Klein-Jason dann auch jenes schon angesprochene – wenngleich nicht professionelle – Schauspielerdebüt: in der tragenden Rolle eines weinenden Babys.

Geboren und aufgewachsen im schönen Vancouver, der Hauptstadt von British Columbia, der westlichsten Provinz Kanadas, war Jason ein, wie man so schön sagt, sehr lebhaftes Kind. Soll heißen: tendenziell unbelehrbar und so schwer zu hüten wie ein Sack Flöhe.

»Ständig habe ich irgendwelche kostbaren Gegenstände zerdeppert«, weiß Jason zu berichten, »meine arme Mutter ist tausend Tode gestorben.« Wie so viele Kids in Kanada drängte es den Jungen zu den großen Freiluftsportarten, in die Eishockey- und Rugbyclubs. Damit nicht genug, hatte er direkt vor der Haustür ein Basketballfeld, das im Winter kurzerhand in eine Eislaufbahn oder ein Eishockeyfeld umgewandelt wurde – man mußte dazu nur den Gartenschlauch aufdrehen.

Jason war ein Possenreißer, immer zu einer kleinen Showeinlage aufgelegt, sobald jemand zuschaute. Auch wenn er heute nicht weiß, wann genau es losging mit dieser Leidenschaft – solange er denken kann, wollte er immer Schauspieler werden. »Ich hing oft vor dem Fernseher und war ein großer Bewunderer von Aaron Spelling«, erklärte Jason. »Wenn ich seine Filme und die meiner Mutter sah, dann wußte ich, was ich werden wollte.«

**Wenn er nicht Brandon ist,
kleidet sich Jason Priestley lässiger.
Er bevorzugt Jeans, T-Shirts und Westen.**

# Nicht gerade eine Bühnenmutter

Jasons achtzehn Monate ältere Schwester drängte es ebenfalls zur Schauspielerei. Aber Sharon Kirk wollte ihre Kinder keineswegs möglichst früh vor der Kamera schwitzen sehen – oder realistischer ausgedrückt: von einem Vorsprechtermin zum nächsten hetzen.

»Sie war keine Bühnenmutter«, betont Jason mit großem Nachdruck. »Ich flehte sie an, mich schnell ins Showgeschäft zu bringen. Ich bekniete sie, mir sofort einen Agenten zu besorgen, um endlich anfangen zu können.« Als er fünf war, hatte Klein-Jason seine Mutter erweicht und stand bei ihrem eigenen früheren Agenten unter Vertrag. Die ersten Fotoproben zeigen einen lachenden Jason – der mit seiner blonden Schwester zusammen ein ansehnliches Pärchen bildete.

Die Mutter fuhr ihn wohl zu den Vorsprechterminen, aber wer die treibende Kraft dabei war, steht außer Frage. »Okay, sie kutschierte mich von einem Termin zum nächsten«, gibt Jason zu, »aber das ließ sie mich auch oft büßen.«

Es dauerte nicht lange, dann verdiente sich der Dreikäsehoch mit den funkelnden blauen Augen seinen Lebensunterhalt, ergatterte er sich doch Rollen in kanadischen Werbespots und TV-Sitcoms. Er nahm Schauspielunterricht auf der Ramona-Beauchamp-Talent-Schule, und im zarten Alter von acht Jahren trat er erstmals in einem kanadischen Fernsehfilm auf, es war das Drama ›Stacey‹.

# Lehrjahre auf der Schattenseite des Showgeschäfts

Auch wenn er ständig betont, daß er im Grunde eine ganz normale Kindheit durchlebte — »alles total durchschnittlich«, witzelt er, »ich trieb Sport, ging zur Schule, saß immer brav im Klassenzimmer, lümmelte mich nie auf Dreh herum« —, so läßt sich doch schwer verleugnen, daß er durch die Lehrjahre in der Filmindustrie bald in einer anderen Welt lebte als ›normale‹ Gleichaltrige.

»Mit sechs Jahren hatte ich mir eins hinter die Ohren geschrieben: Man muß immer professionell arbeiten. Wenn man das nicht tat, wenn man sich einfach so benahm, wie es ein Kind in diesem Alter für gewöhnlich tut, hieß es gleich: ›Bis bald, Kleiner‹. Und damit war man schon zur Tür hinaus. Ich erinnere mich an einen Film, in der ein Junge die Rolle meines älteren Bruders spielen sollte; als er sich am Set meldete, hatte er langes Haar; man sagte ihm, es solle sich die Mähne schneiden lassen, die Rolle verlange das; er sagte nein und war auf der Stelle entlassen.«

Jason lernte auch früh, mit Ablehnung fertig zu werden. »Das ist überhaupt die Oberhärte an der Schauspielerei«, stellt er klar. »Damit muß man einfach umgehen können, man darf sich eine Ablehnung nicht zu sehr zu Herzen nehmen. Wenn du eine Ablehnung nicht wegstecken kannst, dann laß die Finger vom Schauspielerberuf!«

Aber Jasons eigene Schauspielerkarriere verlief vergleichsweise reibungslos und glatt. Um so größer war die Überraschung, als er eines Tages plötzlich dem Showbusiness ganz den Rücken kehrte. »Es gab

**Auf der Geburtstagsparty der Sängerin Tiffany feierte Jason mit.**

eine ganze Reihe von Gründen, mit der Schauspielerei abzubrechen«, erklärte Jason. Er gibt zu, daß er nach einer gewissen Zeit die Kinderrollen satt hatte — und Rollen für junge Teenager waren Mangelware. Sich einen Job zu ergattern wurde zu einer echten Gottesprüfung.

Aber das allein war es nicht, was Jason zur ›Fahnenflucht‹ bewog. Es waren vielmehr die ständigen Hänseleien, denen er durch seine Schulkameraden ausgesetzt war und die an seinem Selbstbewußtsein nagten. Auf der öffentlichen Schule, die Jason besuchte, waren Schauspieler unter den Schülern eine verschwindende Minderheit.

Natürlich waren die hämischen Kommentare, die nun kübelweise über ihn ausgegossen wurden, aus Neid geboren: »Hey, Jason, hab' dich neulich wieder in der Glotze gesehen, hattest ja ganz schön Lippenstift aufgetragen«, stichelte man ihn, nur weil er wie jeder Schauspieler vor dem Auftritt geschminkt wurde. Als er zwölf Jahre alt war, wollte Jason dazugehören und nicht ständig der Außenseiter sein.

## Punk-Jahre

Jason benennt noch weitere Gründe für seinen plötzlichen Gesinnungswandel. »In erster Linie hörte ich mit der Schauspielerei auf, weil ich ein ganz normaler Teenager sein wollte. Ich wollte mir keine Sorgen darum machen müssen, wie ich aussah — ob es sich auch für diese oder jene Rolle geziemte.« Und in der Tat, der Jason von damals hat äußerlich wenig gemein mit dem gutgebauten und gestriegelten

Brandon, wie man ihn heute auf dem Bildschirm bewundert.

O-Ton Jason: »Ich hängte mich an die Punk-Bewegung an, lief in schwarzen Jeans, Militärstiefeln und mit Ketten behangen herum. Ich knallte mir ein paar Farbsträhnen ins Haar, wie's zur Zeit ja auch wieder in Mode ist.« Womit er wohl auf all die Rap-Stars anspielt. »Das war 1980, ich legte mir auch einen Irokesenhaarschnitt zu, stellte alles mögliche mit meinen Haaren an, und ich hatte wirklich keine Lust, mir den Kopf darüber zu zermartern, welche Rolle mir durch die Lappen gehen könnte, wenn ich mir das Haar so oder so schnitt. Nein, davon wollte ich wirklich verschont bleiben. Plötzlich wollte ich einfach nur ein ganz normaler Teenie sein. Und genau das war ich denn auch.«

Auf den anderen Grund, warum er dem Showbusiness den Rücken zukehrte, kommt Jason nicht ganz so bereitwillig und prompt zu sprechen. »In unserem Familienleben passierten einige Dinge... und dagegen begehrte ich wohl auf meine Art auf.«

## Zwischen allen Stühlen

Anders als es die Rolle des ruhigen, besonnenen und wohlangepaßten Brandon Walsh heute vermuten läßt, führte der richtige Jason als Teenie ein ziemlich turbulentes Leben. Hätte er sich damals auf ein bestimmtes Charakterfach festlegen sollen, so wäre es wohl das eines Dylan McKay gewesen. »Ich war ein Einzelgänger«, bekennt Jason, »auf der High School saß ich zwischen allen Stühlen, gehörte zu keinem

Grüppchen richtig dazu. Aber ich kümmerte mich auch nicht groß darum.«

Jason wechselte in jener Phase oft die Schule; aber diese Erfahrung hat bei ihm offenbar kein Trauma hinterlassen, sagt er doch im Gegenteil: »Mir hat die Anonymität durchaus zugesagt. Niemand wußte, wer ich eigentlich war. Und ich scherte mich auch nicht darum, was die anderen von mir dachten. Ich lebte nach dem Motto: Hey, hier bin ich. Wenn dir an mir was nicht paßt, ist es mir auch egal.«

Nichts liegt ihm ferner, als mit seinen rebellischen Jahren zu renommieren; dennoch steht es für Jason außer Frage, daß seine eigenen Kindheitserfahrungen ihm entscheidend geholfen haben, sich in die Teenager der 90210-Serie hineinzudenken.

Mag Jason sich auch nicht gänzlich mit seinem gestriegelten Serien-Alter-ego identifizieren, das genau dem Bild entspricht, das die Werbung sich von Jugendlichen macht, so hat er doch ein Feeling für Brandons Familiensinn. Jason selbst hielt immer die enge Bindung zu beiden aufrecht, sowohl zur Mutter — die sich vom Showgeschäft zurückziehen mußte, seit sie bei einer Tanzvorstellung einen Achillessehnenriß erlitten hatte — als auch zum Vater, dem Exbühnenbildner und Exchemiker, der jetzt den Beruf des Vertreters ergriffen hat.

## Rückkehr ins Showbusiness

So unüberlegt er manchmal auch als Teenager gehandelt haben mochte, Jason verlor nie völlig sein Ziel aus den Augen. Auch wenn er nicht mehr vor der Kamera stand, nahm er doch weiter Schauspielunterricht bei so bekannten Lehrern wie Howard Fine und June Whitaker (einem Gründungsmitglied des Neighborhood Theaters), lernte später am Pacific Actors Institute, einer renommierten Schauspielerschule. Mit sechzehn meldete er sich im Schaugeschäft zurück.

Die Trotzphase hatte er endgültig abgehakt; ein Talentförderer ermutigte ihn, und so unterzeichnete Jason wieder bei einem neuen Agenten und graste die Szene nach neuen Jobs ab. Viel Zeit verlor er dabei nicht. Angesichts seiner Erfahrung, seiner Ausbildung, seines Talents, seines guten Aussehens und seines neuerwachten Ehrgeizes hagelte es nur so Aufträge für ihn.

Während er immer noch in Vancouver lebte, angelte er sich größere Gast-Star-Auftritte in kanadischen TV-Produktionen wie ›Danger Bay‹ und ›MacGyver‹, den Filmen ›Caddo Lake‹ und ›Watchers‹. In Produktionen wie ›The Breakfast Club‹ und ›Rebel without a Cause‹ stand er auf der Bühne, außerdem wirkte er in den Fernsehfilmen ›Lies from Lotusland‹ und ›Nobody's Child‹ mit.

Ein ganz besonderes Vergnügen bereiteten Jason sicherlich seine Kurzauftritte in der populären TV-Serie ›21 Jump Street‹, in der er öfter in der Rolle des harten und schrägen Teenies Tober zu bewundern war und — eine Staffel darauf — als Brian, der Alkoholiker. Beide Rollen trugen ihm Anerkennung ein — und neue Freunde unter den anderen jungen Schauspielern. In der Zeit teilte er sich die Unterkunft mit Johnny Depps Stuntman.

»Wir haben uns damals köstlich amüsiert«, erinnert sich Jason, »Johnny, Richard Grieco und ich bildeten eine Clique, die ständig was losmachte und durch die Straßen von Vancouver zog. Johnny ist ein prima Kerl, Peter DeLuise übrigens auch − er hatte allerdings die Angewohnheit, mich immer hochzuheben und quer durch den ganzen Set zu schleudern.«

Seine ›Jump-Street‹-Auftritte zogen neue Rollenangebote nach sich, die ihn immer häufiger nach Los Angeles führten. Er wirkte in solchen Serien wie ›Beans Baxter‹, ›Airwolf II‹ oder ›Quantum Leap‹ mit − in dieser auch von RTL plus ausgestrahlten Zeitreise-Serie spielte er in der Episode ›The Kamikaze Kid‹ ein Jugendbanden-Mitglied.

Schließlich bekam er auch die Hauptrolle des Buzz in dem Disney-Fernsehfilm ›Teen Angel‹ und in der Fortsetzung ›Teen Angel Returns‹, die beide fortlaufend in ›The Mickey Mouse Club‹ ausgestrahlt wurden.

## Ein Sprung nach vorn

Anfänglich behielt Jason noch seine Studentenbude in Vancouver bei und pendelte munter zwischen Vancouver und der Westküste hin und her. Aber je mehr Aufträge Jason erhielt, bei dem es nun beruflich in verschärftem Tempo voranging, desto klarer wurde es ihm: Er mußte ganz nach Los Angeles übersiedeln. Dabei hatte er noch nicht einmal das achtzehnte Lebensjahr vollendet. Und er hatte kein festes Einkommen, allerdings hatte er sich einiges von seinen Einkünften aus Rollen in Werbefilmen zurückgelegt.

Daß er keine feste Anstellung hatte, bereitete ihm

nicht die geringsten Sorgen. »Das gehört zum Jungsein dazu«, meint er. »Ich bin der Ansicht, man sollte eine Karriere, die man einmal eingeschlagen hat, auch fortsetzen, dann regelt sich das übrige schon.« Seine ersten Unterkünfte in L. A. waren in Malibu Canyon gelegen. Dann zog er in die Vorstadt um, nach Woodland Hills, wo er mit einem Schauspielerkollegen eine bescheidene Wohnung bezog.

## Sister Kate

Nach einigen Monaten der Arbeitslosigkeit erhielt Jason die Rolle des Todd Mahaffey in ›Sister Kate‹, einer neuen NBC Sitcom, mit Altstar Stephanie Beacham, die eine Nonne und Waisenhausleiterin spielte. Jason hatte den ältesten — und man darf wohl auch sagen — dümmsten Waisen darzustellen. »Der Junge ist nicht so schlau, wie er glaubt«, lautete die offizielle Rollenbeschreibung der Fernsehgesellschaft. Jason hatte seine eigene Auffassung von diesem Charakter: »Er hatte den I. Q. eines Fahrradständers«. Immerhin, es war eine Rolle, und, wer weiß, mit allwöchentlichen Bildschirmauftritten wäre Jason vielleicht schon damals zum Teenie-Idol geworden.

Aber schon unmittelbar nach der Pilotsendung im September 1989 schossen die Kritiker sich auf diese Serie ein, und es dauerte nur ein paar Monate, da war ›Sister Kate‹ vom Bildschirm verschwunden. Jason vergoß keine Tränen über den Verlust des Jobs. »Todd war ein reichlich eindimensionaler Charakter und nicht gerade mit Tiefgang oder üppigem Seelenleben ausgestattet.«

Was Jason zu diesem Zeitpunkt nicht ahnen konnte, war, daß es gerade sein Kurzauftritt als Todd war, der ihm zu seiner nächsten Rolle verhelfen sollte.

## Von Todd zu Brandon

Im Frühjahr 1990 machte sich der durch ›Love Boat‹, ›Denver‹ und ›Charlie's Angels‹ bekannt gewordene Produzent Aaron Spelling an die Arbeit für ein einstündiges Teenie-Drama für Fox-Television. Der Titel des Films sollte ›Class of Beverly Hills‹ lauten. Im Mittelpunkt des Stückes standen Brenda und Brandon Walsh: Zwillinge, die sich, aus ihrer vertrauten Umgebung herausgerissen, auf das Glitzerleben im prestigesüchtigen Beverly Hills einstellen müssen – ohne die bodenständige, in Minnesota erworbene Moral zu verraten.

Das Skript für die Pilotsendung lag bereits vor, die Produzenten hatten einen Vertrag mit Fox-Television, und der größte Teil der Rollen war auch schon vergeben. Aber das ganze Unternehmen krankte seit langem an einer nicht ganz unwesentlichen Schwierigkeit: Man fand einfach nicht die richtige Besetzung für die Figur des Brandon.

Bis eines Tages Tori Spelling, die Tochter des Produzenten, auftauchte. Tori hatte Jason in ›Sister Kate‹ gesehen und war nach eigenen Worten ›heftig in ihn verschossen‹. Sie war sich sicher, daß dieser junge Mann die Idealbesetzung für die Figur des Brandon wäre. Kaum daß Tori ihrem Vater ihre Idee verraten hatte, bestellte er Jason zu einem Gesprächstermin... und – siehe da! – Brandon hatte endlich einen Körper, ein Gesicht und eine Persönlichkeit.

## Brandon hat seine Prinzipien – aber manchmal vergißt er sie...

Etwas Aufregenderes konnte Jason sich gar nicht vorstellen – als den Brandon zu spielen und bei *Beverly Hills, 90210* dabeizusein. »Bei so einer Arbeit wird einem manches deutlich. Man sieht das Leben durch die Brille von Brandon und Brenda, die zwar auch nicht nur naiv und die reine Unschuld vom Lande sind, die aber doch eine ganze Reihe von intakten Wert- und Moralvorstellungen mitbringen. Und wenn man den faulen Zauber und die Aufgeblasenheit dieses Beverly-Hills-Livestyles durch ihre Brille sieht, geht einem auf, wie elend und unglücklich diese versnobten Kids doch sind. Nach außen hin wirkt alles großartig, aber in Wahrheit kämpfen sie mit den gleichen Problemen und Ängsten wie alle anderen auch.«

Für Jason ist Brandon schon deshalb ein glaubwürdiger Charakter, weil er Anerkennung sucht. »Jeder möchte doch gern beliebt sein. Aber Brandon ist nicht so von sich eingenommen wie viele andere und läßt sich kein X für ein U vormachen.«

Jason gab sich alle Mühe, Brandon nicht zu moralinsauer zu spielen. »Brandon hat zwar seine Prinzipien, aber zwischendurch vergißt er sie auch einmal. Und darüber bin ich heilfroh. Es ist wirklich schwer, einen solchen Menschen darzustellen, ohne so

**Robyn Lively und Jason –
seit zwei Jahren halten sie Händchen.**

selbstgerecht zu wirken, daß jeder sich entsetzt abwendet.«

Jason ist felsenfest davon überzeugt, daß die Probleme, von denen *90210* handelt — und das sind Probleme, mit denen sich Jugendliche überall auf diesem Globus herumschlagen —, in der Serie keineswegs verniedlicht werden. »Es ist doch völlig egal, wo man lebt, die Menschen haben immer unterschiedliche Moral- und Wertvorstellungen, und daraus erwachsen dann alle möglichen Konflikte. In den ersten Episoden geht es um Alkoholismus unter den Jugendlichen, ein übel um sich greifendes Phänomen der Verwahrlosung, nicht nur in Beverly Hills, sondern überall auf der Welt. Man braucht ja nur an all die jungen Suchtopfer in Amsterdam zu denken.«

## Die private Seite

Eine Hauptrolle in einer solch populären Fernsehserie auszufüllen bedeutet unweigerlich den Verlust der Privatsphäre. Wie Jason erst kürzlich in einer Talkshow schnippisch anmerkte: »Ich kann nicht einmal am Samstag Shopping gehen — es könnte leicht lebensgefährlich werden«. Natürlich erkennt man ihn, wo immer er in der Öffentlichkeit auftauchen mag, und wenn er auch dankbar für den Zuspruch der Fans ist, versucht er doch zum Teil verzweifelt, sich ein Stück Privatsphäre zu erhalten.

Jason will sein Leben so normal wie irgend möglich unter diesen Bedingungen führen. Wohl auch deshalb treibt er so gern Sport, spielt Golf, Tennis, Rugby oder donnert mit seinem Yamaha-Motorrad durch die Gegend. Jeden Sonntag steht er als Außenspieler in der Zweiten Eishockey-Liga auf dem Platz — einer seiner Mannschaftskameraden ist kein geringerer als Michael J. Fox — und kann sein Spielvermögen dabei regelmäßig mit Altmeistern messen, die gestern noch die Stars der Ersten Liga waren.

Am liebsten aber geht er dem Hobby nach, das er erst vor kurzem für sich entdeckt hat — Bungee-Springen. Der Akteur seilt sich mit einem Gurt am Brückengeländer an und springt dann in die Tiefe hinab. Das Todesmutig-Verwegene ist es, was Jason an diesem Sport fasziniert. Einer Illustrierten gegenüber gab er freimütig zu: »Jedesmal, wenn ich von einer Brücke hinabstürze, denke ich: O Gott, jetzt mache ich schon wieder Selbstmord!«

Natürlich geht Jason auch weniger riskanten Freizeitbeschäftigungen nach. Die Kunst des Müßiggangs hat er in hohem Maße perfektioniert, und er genießt es, in seinem neuen Apartmenthaus — wo es liegt, verrät er nicht — am Wochenende mit seinen Freunden zusammenzusein. Dann schiebt er ein Video aus seiner reichen Sammlung in den Apparat — seine Lieblingsfilme sind zur Zeit ›Blue Velvet‹ und ›Clockwork Orange‹.

Aber auch wenn er gerade nicht den Brandon spielt, sieht Jason seinem Alter ego verblüffend ähnlich. Wie dieser trägt er zerrissene Jeans und T-Shirts, randlose Brillen, wie sie in den 60ern in Mode waren (keine Kontaktlinsen wie vor der Kamera), ein Ein- oder Zweitagebart ziert sein Gesicht, und in seiner Hand hält er eine Zigarette.

**Ist körperliche Größe von Bedeutung? Corky Nemec ist größer, aber im Augenblick ist Jason der größere Star.**

# Ein toller Bursche –
# und ein großartiger Freund

Auch wenn Jason darauf besteht, daß er selbst nicht ein solch vollkommener Mensch ist wie Brandon, sind sich doch alle seine Kollegen einig: »Jason Priestley zu kennen, heißt ihn zu mögen und ihn zu respektieren«. Er geriert sich nicht als der Star dieser Serie, und doch steht außer Frage, daß er und Shannen Doherty die Profis und die großen Zugpferde der Truppe sind. Alle seine Mitstreiter sind tief beeindruckt von seinem schauspielerischen Können und von seiner Fähigkeit, noch unter Druck locker und leicht aufzutreten.

»Für uns ist diese Serie eine Lernerfahrung, bei der wir immer wieder schwer zu kämpfen haben. Für Jason und Shannen scheint es mehr wie ein Spaziergang zu sein. Sie wissen in jedem Augenblick ganz genau, was sie zu tun und zu lassen haben«, sagen die anderen.

Natürlich treten angesichts dieser unterschiedlichen Voraussetzungen im Team immer mal wieder Spannungen auf. Doch damit kann Jason umgehen. Zum Beispiel, indem er die anderen Schauspieler mit seinen Einfällen unterhält, wenn sie gerade mitten in einer ernsten Szene sind.

Mit Luke Perry (er spielt Dylan) und Ian Ziering (Steve) hat sich Jason besonders eng angefreundet. Dieses *Trio infernale* steckt abends und an den Wochenenden oft stundenlang die Köpfe zusammen, brütet neue Skriptideen aus oder träumt davon, eines Tages mal all ihr Geld zusammenzulegen und gemeinsam ein Restaurant zu eröffnen. Vertrauen und Freundschaft sind für Jason unverzichtbar. Er tut alles, um solche Bande zu halten.

Für den bescheidenen, grundehrlichen Jason ist der Ruhm immer noch eine seltsame Sache. Wenn die Presse ihn wieder mit ihren Fragen bedrängt, kontert er meistens instinktiv mit einer witzigen Gegenfrage. Als er zum Beispiel nach der sintflutartig über ihn hereinbrechenden Fan-Post befragt wurde, gab er nicht nur offen zu, daß er nur wenige von diesen Briefen liest, sondern fügte noch hinzu: »Natürlich interessiert mich schon, was die Leute zu sagen haben, vielleicht gibt mir ja jemand den Tip, daß ich mir die Zähne besser putzen soll.«

Scherz beiseite, Jason hat ehrgeizige Zukunftspläne. Er befaßt sich jetzt mit Drehbuchschreiben und Regiearbeit — »Ich glaube nicht, daß ich ein besonders begabter Schreiber bin«, spielt der junge Herr Priestley diese Liebhaberei in seiner typischen Bescheidenheit herunter — und kann sich vorstellen, daß seine Karriere in Zukunft mehr in diese Richtung geht.

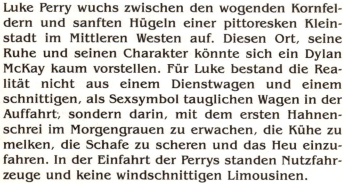

# 2

# LUKE PERRY

### Spielt: Dylan McKay

Luke Perry wuchs zwischen den wogenden Kornfeldern und sanften Hügeln einer pittoresken Kleinstadt im Mittleren Westen auf. Diesen Ort, seine Ruhe und seinen Charakter könnte sich ein Dylan McKay kaum vorstellen. Für Luke bestand die Realität nicht aus einem Dienstwagen und einem schnittigen, als Sexsymbol tauglichen Wagen in der Auffahrt; sondern darin, mit dem ersten Hahnenschrei im Morgengrauen zu erwachen, die Kühe zu melken, die Schafe zu scheren und das Heu einzufahren. In der Einfahrt der Perrys standen Nutzfahrzeuge und keine windschnittigen Limousinen.

Lukes Familie hielt sich fern von dem Lebensstil der modernen Stadtneurotiker, ihrer Hektik, ihren hohen Scheidungsraten. Welche Schwierigkeiten auch immer es im Haus zu bewältigen galt, Mom und Dad standen sie gemeinsam durch, arbeiteten hart auf dem Feld und zogen unbeirrbar ihre lauten, stürmischen Kinder groß.

Eine Lebenswelt wie geschaffen, um den Kindern solide moralische Grundsätze und selbstredend auch puritanischen Arbeitseifer zu vermitteln. Und für diese Grundlage ist Luke Perry auch äußerst dankbar. Was also stimmt nicht an diesem Bild? Die Antwort ist ganz einfach: Luke Perry fühlte sich nie dazugehörig. In dieser Umgebung blieb er immer ein Außenseiter.

## Cool Hand Luke

Das Landleben hat Luke geprägt. Er wurde in Mansfield, Ohio, geboren und wuchs in Fredericktown auf. Die Familie lebte auf dem Bauernhof, aber Lukes schwer arbeitender Vater hatte auch noch einige Nebenjobs. Lukes ganze Kindheit hindurch arbeitete Perry in der Bauwirtschaft. Die Mutter blieb zu Hause und sorgte für Luke, seinen größeren Bruder Tom und für Amy und Emily, die jüngeren Schwestern.

Im Prinzip führten die Perrys ein glückliches Familienleben, auch wenn es finanziell nicht immer einfach war. So lernten Luke und seine jüngeren Geschwister schnell den Wert eines Dollars zu schätzen, wußten sie doch, wie schwer es manchmal sein konnte, sich auch nur einen einzigen zu verdienen.

Aber Little Luke hatte deshalb nicht weniger große Träume. Als Knirps pflegte er viel fernzusehen. Am besten gefielen ihm die alten Filme, die tagsüber liefen. »Vom ersten Mal an, da ich fernsah, war ich ganz vernarrt in den Flimmerkasten. Er unterhielt mich, und zugleich erzog er mich auch.« Und solange sich Luke zurückerinnern kann, hatte er den Wunsch, selbst *in* dem Fernseher zu sein. »Als ich klein war«, erinnert er sich, »schwärmte meine Mutter für Paul Newman. Ich war ungefähr vier Jahre alt, da sah ich seinen Film ›Cool Hand Luke‹. Ich sah meinen eigenen Namen über den Fernseher flimmern, nie zuvor hatte ich ihn ausgeschrieben gesehen. Und dann sah ich mir diesen Streifen an. Danach konnte ich mir nichts anderes mehr vorstellen, als Schauspieler zu werden.«

Natürlich hatte er − und das gibt Luke auch freimütig zu − nur sehr vage Vorstellungen über seine neue Leidenschaft. »Ich hatte keinen blassen Schimmer, was Schauspielern bedeutet. Das treibende Moment am Anfang war einfach der Wunsch, ein Fernsehstar zu werden.«

In Fredericktown gab es kaum eine Möglichkeit, dieses Künstlerhandwerk zu erlernen. Aber davon einmal ganz abgesehen, Luke hätte es auch niemals gewagt, sein Geheimnis mit irgend jemandem zu teilen.

## Um ihn herum nichts als Provinz

In Lukes unmittelbarer Umgebung, bei seinen Freunden, Nachbarn und Verwandten also, stand der Schauspielerberuf nicht gerade ganz oben in der Rangliste der anzustrebenden Berufe.

Als harte Arbeiter wußten die Perrys nicht viel über die Glitzerwelt des Showbusiness − und wollten auch nicht viel darüber wissen. Auf alle Fälle kannten sie niemanden persönlich, der sich in diesem Gewerbe sein Geld verdient hatte. Auf die arglose Frage eines Reporters, ob denn außer ihm noch jemand aus seiner Familie im ›Showbiz‹ beschäftigt sei, antwortete Luke kichernd: »Logo, sie schauspielern alle. Wenn ich nach Hause komme, tun sie alle so, als seien sie unheimlich glücklich, mich wiederzusehen«.

Der ernstere Teil der Antwort lautete: »Ich liebe meine Familie. Sie ist einfach phantastisch. Mich großzuziehen war sicher eine große... nun, es war sicherlich kein Spaziergang. Ich war nie der ›Happy camper in Redneckville.‹. Was Luke mit dieser Redensart meint, ist, daß es zwar seine Vorteile hat, in einer kleinen Stadt aufzuwachsen, aber auch Nachteile. Um ihn herum war nichts als Provinz. Und er selbst war anders als die anderen. Luke Perrys Horizont endete nicht am Zaun des familieneigenen Bauernhofes. Aber er war sich ganz sicher, ausgelacht und verspottet zu werden, sobald er irgend jemandem im Dorf seinen Lebenstraum mitteilte.

Also wartete Luke ab. Seine Kindheitsjahre waren ausgefüllt mit Schule, Freunden, dem Baseball-Camp im Sommer — und vor allem mit Fernsehen.

Bevor er auf die High School kam, würde er kaum eine Chance haben, sich an die Verwirklichung seiner Vision zu machen. Aber er hielt sich bereit, für den Tag, da es so weit wäre. »Nicht einmal um die Anmeldung fürs College habe ich mich gekümmert«, sagt Luke. »Ich hatte null Bock auf die Penne. Sie machte mich wirklich krank. Übrigens halte ich mich für einen dieser Menschen, die alles, was sie zum Leben brauchen, schon im Kindergarten lernen.«

**Luke an der Juke(-Box). Dieses Gerät steht in The Peach Pit, und Luke sucht einen Song seines Lieblingssängers Jerry Lee Lewis.**

Nach der High School trieb sich Luke eine Weile in Ohio herum und versuchte, irgendwo einen Start ins Schauspielergeschäft zu bekommen. Aber lange hielt er es im Mittleren Westen nicht mehr aus. Denn wie er selbst sagt: »Können Sie sich vorstellen, Schauspieler zu sein und in Ohio zu leben? Ich war kurz vorm Durchdrehen.«

## Hollywood heißt das Ziel

Und so zog es Luke nach Hollywood, ins sonnige Kalifornien. Der junge Mann von achtzehn Jahren wandte sich nach Westen, natürlich weil er tief in seinem Innersten hoffte, ein Star zu werden, aber erst einmal, um − eine realistischere Zielsetzung − Theaterwissenschaften zu studieren. In Ohio hatte Luke sich nicht in die Schauspielklassen der Schule eingeschrieben. In Kalifornien holte er das sofort nach.

Luke blieb drei Jahre in Los Angeles, und in einer Hinsicht lohnte sich dieser Aufenthalt auch: Er konnte sofort bei einem Agenten unterzeichnen und sammelte wertvolle Erfahrungen, indem er immer wieder auf Vorsprechtermine für Werbe-, Fernsehfilme und Unterhaltungsshows ging. Auf der Minusseite hingegen war zu verbuchen, daß er einfach keine Arbeit fand. Er hielt sich mit den verschiedensten Gelegenheitsjobs über Wasser und arbeitete im Straßenbau und als Schuhverkäufer.

Nach dieser langen Dürrezeit versuchte Luke sein Glück in New York, wo schon so mancher Nachwuchsspieler den Einstieg in die nachmittags ausgestrahlten Soap-operas fand.

Anfangs sträubte sich Luke noch gegen diese Aussicht, stehen doch diese Fließbandproduktionen unter Schauspielern nicht gerade in höchstem Ansehen. »Viele Leute schämen sich ihrer Mitwirkung an den Soap-operas, und ich kenne keine Schauspieler, die stolz auf eine Rolle in diesen Rührstücken gewesen wären. Ich selbst«, fährt Luke fort, »sagte mir damals: ›Ja, ich will Schauspieler werden, aber ich will keine Soap-operas machen.‹«

Da ihn nichts in Kalifonien hielt, ging Luke dennoch nach New York — um sich einmal an einer Rolle in den vielgeschmähten Nachmittagsserien zu versuchen.

## New York war wie ein neues Zuhause

Schon an seinem ersten Tag in New York City erlebte Luke eine Überraschung. Er fühlte sich von dieser Stadt so unwiderstehlich angezogen wie seine Rolle Dylan von den Surfbrettern und dem Meer. An der größten und hektischsten der Metropolen gefiel ihm alles: von den großen Theaterhäusern am Broadway bis hin zu den Buden und Restaurants, wo man noch morgens um drei Uhr schmackhaften Fisch bekommt. Er fühlte sich auf Anhieb wie zu Hause.

Es ergab sich, daß Luke schon unmittelbar nach seiner Ankunft in New York einen Vorsprechtermin für eine Soap-opera bekam. Sein Rivale war ein blauäugiger blonder Bursche aus New Jersey mit Namen Ian Ziering! Luke fand ihn unausstehlich.

Luke kannte Ian nicht, aber er wußte, daß der Bursche bereits eine Rolle hatte. »Als ich ihn zum ersten

Mal sah«, erinnert sich Luke, »war ich sehr gegen ihn eingenommen. Er trat ja schon ziemlich regelmäßig in ›The Guiding Light‹ auf. Und da dachte ich mir: Ich habe keinen Job, was braucht der Kerl gleich zwei?«

Wie das Leben so spielt, bekam keiner der beiden die Rolle. Ian kehrte wieder zu ›The Guiding Light‹ zurück, wo sein Part noch etwas aufgespeckt wurde.

Es dauerte nicht mehr lange, und New York erwiderte die Liebe, die Luke zu der Stadt gefaßt hatte, und beschenkte ihn mit seinem ersten Schauspielerjob. Es war eine Rolle in ›Loving‹, einer Soap-opera des ABC-Senders, und Luke spielte eine Figur namens Ned Bates. »Diesen Namen« — der unweigerlich Erinnerungen an den Psychopaten in Hitchcocks ›Psycho‹ wachruft — »habe ich wirklich gehaßt«, sagt Luke, der anschließend in der Serie ›Another World‹ den Kenny spielte.

Und plötzlich nötigte die leichte Muse Luke einen gewissen Respekt ab. »Als ich nun tatsächlich in solchen Soap-operas mitspielte, hörte ich auf, über sie herzuziehen. Denn ich merkte ja nun selbst, was diese Rollen einem abverlangen. Physisch sind sie wohl das Anstrengendste, was ein Schauspieler zu bewältigen hat. Und auch mental haben diese Rollen es in sich, man muß eine ungeheuer gute Auffassungsgabe haben und die Anforderungen auch schnell umsetzen. Und eine gewisse Sicherheit im Spielen wird bei jedem Mitwirkenden vorausgesetzt. Es ist so, als hätte man jeden Tag ein wichtiges Examen zu bewältigen.«

Es ging voran mit Luke in der Stadt, die auch oft ›The Big Apple‹ genannt wird. Luke lebte das typische Schauspielerleben, wechselte ständig die Mietswohnungen, hatte ungewöhnliche Schlafenszeiten und freundete sich mit einigen Schauspielerkollegen an: Am Ende hatte er sogar Ian Ziering mögen gelernt. Auch in finanzieller Hinsicht war das erste Jahr ein Segen.

»Ich war reich«, enthüllt er, »verdiente geradezu obszön viel Geld.«

Aber das war das erste Jahr. Wenn irgend etwas gewiß ist im Leben des Schauspielers, dann die Ungewißheit: Luke erlebte sehr bald einen finanziellen Absturz ins Bodenlose. »Nachdem ich meine Rollen in den Soap-operas gespielt hatte, bekam ich noch ein paar Auftritte in Werbefilmen für Levi's Jeans... aber das war's dann auch schon.«

## Es war hart — aber es formte mich zum Schauspieler

Luke erwog, die Wartezeit auf die nächste Rolle mit den seltsamsten Gelegenheitsarbeiten in New York zu überbrücken, entschied sich aber dann doch anders. »Ich dachte beispielsweise daran, als Kellner zu arbeiten, wie so viele Schauspieler«, erzählt er, »denn ich fühlte mich nie für eine Arbeit zu gut. Aber irgend etwas sagte in mir: Hey, Augenblick mal, Mann, du bist ein *Schauspieler*. Dafür hast du gelernt und dich ausbilden lassen. Jetzt geht's ums Ganze, ich werde Arbeit als Schauspieler finden. Daher spielte ich in ein paar Werbestreifen mit und besuchte weiter Schauspielschulen. Ich meldete mich unentwegt bei Vorsprechterminen, und schließlich kamen die Dinge doch noch ins Laufen. Es war eine harte Zeit, aber sie erst formte mich zum Schauspieler.«

**Jason und Luke spielen Softball für einen guten Zweck — für krebskranke Kinder.**

Luke spielte mehrmals auf den Nebenbühnen der Broadway-Theater und tauchte sogar zweimal in Filmen auf. Zwei kleine Rollen in ›Terminal bliss‹ und ›Scorchers‹. Insgesamt blieb Luke drei Jahre in New York. Und er kehrte erst dann nach Hollywood zurück, als er einen Anruf erhielt, daß man Schauspieler für eine Teenager-Serie suchte, die Aaron Spelling produzierte: *Beverly Hills, 90210*.

## Dylan McKay — Luke's Traumrolle

Schon nachdem er wenige Seiten des Drehbuchs für die neue Serie überflogen hatte, wußte Luke genau, daß er Dylan McKay spielen wollte. Alles an dieser Figur sprach ihn an, vor allem Dylans Verstand und die Vielschichtigkeit seines Charakters. »Was mich besonders an ihm faszinierte, war, daß er aus einer der reichsten Familien in Beverly Hills stammte und doch die Fallstricke des Reichtums vermied. Rein geldmäßig hat er alles, was ein Kid sich wünschen kann ... aber er hält nichts von dem entsprechenden Lebensstil. Er hat einen scharfen analytischen Verstand, er ist aufsässig und furchtlos, aber vor allem ist er geistreich. Ich selbst habe ziemliche Scheu vor Intelligenzbestien. Und vor dieser Rolle hatte ich noch nie so jemanden dargestellt. Es ist eine absolute Traumrolle für mich.«

Luke selbst hält sich nicht für einen Typen, der Dylan besonders ähnlich wäre. »Ganz abgesehen davon, daß mir persönlich so ein Porsche 1963 abgeht, glaube ich auch nicht, daß ich überhaupt so wütend auf jemanden sein könnte, wie Dylan das immer wieder ist. Ich bin eigentlich ein eher zufriedener Typ.« Und in der Tat ist Luke — sehr im Unterschied zu Dylan — offen, gesprächig und freundlich.

Dennoch gibt es wohl auch einige Gemeinsamkeiten zwischen dem Schauspieler und seinem Alter ego. »Ich beobachte viel und höre gern zu. Ich lerne vornehmlich durchs genaue Hinsehen, durch meine Wahrnehmung. Ja, man lernt wirklich eine Menge, wenn man auch mal seinen Mund halten kann.«

Und paradoxerweise ist es ausgerechnet seine Herkunft aus der tiefsten Provinz im Mittleren Westen, die Luke nun zustatten kommt. »Wenn ich Szenen mit Jason Priestly habe, der nun mal auch ein typischer Bursche aus dem Mittleren Westen ist, kann ich mich sehr gut in meinen Gegenpart hineindenken, und das wiederum erlaubt mir, meine Rolle freier und kreativer zu gestalten, weil ich immer genau weiß, was der andere macht.«

Über die persönliche Befriedigung hinaus ist Luke auch sehr stolz darauf, in einer Serie mitzuwirken, die so genau das Leben der Teenager wiedergibt und dabei gleichermaßen unterhaltsam wie gehaltvoll ist.

## Ich bin immer noch ein ganz normaler Bursche

Auch wenn in Wahrheit sechs Jahre des Wartens und Suchens vorausgingen, für die Öffentlichkeit ist Luke Perry ›über Nacht‹ ein Star geworden. Der Ruhm ist eine größere Herausforderung für ihn, als er sich jemals ausgemalt hätte. Von fünftausend kreischen-

**Vor seiner Garderobe am Drehort von 90210 deutet Luke auf sein Lieblingsposter.**

den Teenies eingekeilt zu sein, wie kürzlich in Bellevue geschehen, kann einem schon Angst einflößen — aber auch Stolz.

»All diese Kids wollten mir doch mitteilen, wie sehr ihnen meine Arbeit gefällt — was kann es Schöneres geben?« Aber der Ruhm hat ihn nicht zu einem Egomanen werden lassen. Luke steht mit beiden Beinen fest auf dem Boden und hebt nicht ab. Wie sonst könnte er einem Reporter, der ihn auf den Menschenauflauf in Bellevue anspricht, locker sagen: »Hey, diese Leute sind eigentlich doch nicht gekommen, um mich zu sehen. Für sie bin ich in erster Linie Dylan.«

In der Tat sieht sich Luke immer noch als den dünnen, fast schon abgemagerten Burschen aus Ohio, und mit Recht verweist er darauf, wie wenig sich sein Lebensstil ungeachtet der Dylanmania verändert habe. »Ich bin immer noch ein ganz normaler junger Mann, der mit seinem Pick-up (allerdings einem brandneuen) in endlose Weiten fährt, gern angeln und zelten geht.«

Am liebsten hält er sich im Freien auf, denn Luke ist auch ein verwegener, ja todesmutiger Bursche. Dreimal dürft ihr raten, wer Jason Priestley auf seinen abenteuerlichen Bungee-Sprüngen in die Abgründe begleitet. »Luke ist der Partner bei meinen kriminellen Unternehmungen«, enthüllt Jason. Ein anderes Freizeitvergnügen von Luke ist es, mit einer kleinen Maschine zu der nahe gelegenen Insel Catalina zu fliegen. Vor kurzem hat er seine Schauspielerfreundin Soleil Moon Frye zu einem solchen Ausflug mitgenommen.

Luke residiert in einem ›billigen Zwei-Zimmer-Apartment in Hollywood‹, das er mit einem Haustier teilt: ein Vietnamesisches Spitzbauchschwein mit

Namen Jerry Lee; das Schwein lebt in einer kleinen Box, falls es nicht gerade im Garten wühlt. Lukes Freunde inspiriert dieser exotische Hausgenosse zu Klatsch und mildem Spott.

»Manchmal macht Jerry Lee ein Nickerchen in Lukes Bett, und dann tätschelt Luke das Schweinchen und drückt ihm einen leichten Kuß auf die Schnauze.« Das Hausschwein war, so Luke geheimnisvoll, »ein Geschenk von jemandem, der mich sehr gut kannte.«

Luke verdient jetzt sehr gutes Geld, das mit beiden Händen zum Fenster hinauszuwerfen ihm freilich nicht in den Sinn kommt. »Ich bete nicht Reichtum und Besitz an, ich verehre die Menschen«, erklärt er. »Das Wertvollste in meinem Leben sind meine Freunde.« Eine Einstellung, die offenbar auf gegenseitigem Einverständnis beruht, ist Luke doch in der Schauspieler-Crew von *90210* äußerst beliebt — ja, alle, die das Vergnügen seiner Bekanntschaft haben, mögen ihn.

So sind denn fast alle seine Träume wahr geworden. Was also bleibt Luke für die Zukunft zu wünschen übrig? »Ich möchte gern weiter arbeiten, ein besserer Schauspieler werden, das ist mein Ziel.« Und er würde gern... nun, nicht gerade wieder auf die Farm im Mittleren Westen zurückkehren, aber doch schon gern an einem Ort leben, »wo es ruhig und friedlich ist.«

# 3

# SHANNEN DOHERTY

## Spielt: Brenda Walsh

Obwohl sie erst einundzwanzig Jahre alt ist, hat sie schon seit mehr als zehn Jahren Erfahrung im Showbusiness, und wie bei ihrem Fernsehzwilling Jason Priestley war es ganz allein ihre Entscheidung. Niemand hat sie in dieses Geschäft getrieben; im Gegenteil, ihre viel vernünftigeren Eltern haben stets versucht, sie davon abzuhalten. Aber wenn es zwei Eigenschaften gibt, die einem sofort einfallen, wenn man Shannen Doherty beschreibt, dann sind es Durchsetzungsvermögen und Selbstvertrauen. Shannen hat schon immer gewußt, was sie haben wollte, wie sie dies ausdrücken sollte und wie sie es bekommen konnte.

Shannen: »Ich will Schauspielerin werden!«
Ihre Mutter: »Kommt überhaupt nicht in Frage!«

Shannens Eltern sind Tom und Rosa Doherty, und sie wurde am 12. April 1971 in Memphis, Tennessee, geboren. Sie und ihr älterer Bruder Sean haben dort, wo ihr Großvater eine Spedition betrieb, die frühen Jahre ihrer Kindheit verbracht.

Als Shannen sechs Jahre alt war, zog die Familie nach Palos Verdes, einem Vorort von Los Angeles, denn der Vater wollte dort das Familienunternehmen erweitern. Aber auch für Shannen selbst war es ein ganz bedeutender Einschnitt.

Sie erzählt es so: »Als ich achteinhalb Jahre alt war, bat eine Freundin mich, doch mitzukommen, wenn sie für eine Kinderaufführung von ›Schneewittchen‹ vorsprechen würde. Das Märchen sollte in einer Kirche aufgeführt werden. Bis dahin hatte Schauspielerei mich überhaupt nicht interessiert, und als der Direktor meinte, ich sollte doch auch vorsprechen, war ich viel zu schüchtern. Aber dann drängte er mich so lange, bis ich schließlich nachgab. Mann, war ich überrascht, als ich gleich eine der Hauptrollen bekam!«

Während ihres ersten Amateurauftritts fiel Shannen einem Reporter der Lokalzeitung auf, der den Dohertys vorschlug, sie sollten mit ihrer Tochter nach Los Angeles fahren und für sie einen Vertrag bei einem Agenten abschließen.

›Kommt überhaupt nicht in Frage‹ war ihre Standardantwort. »Meine Eltern wollten nicht, daß ich Schauspielerin werde. Mom sagte immer, von diesen Kindern, die irgendwo eine Rolle bekommen, hört man doch nichts anderes, als daß sie immer die falschen Sachen tun: Drogen nehmen und wilde Parties feiern. Natürlich hatten meine Eltern Angst um mich. Und obwohl ich ihnen zwei Jahre lang ständig in den Ohren lag, sagten sie immer wieder nein.«

## Zwei Jahre später: Ab ins Show-Biz

Eine solche unbeugsame Haltung der Eltern hätte andere Kinder schon längst aufgeben lassen. Aber Shannen Doherty war selbst mit acht nicht so wie andere Kinder. Sie war entschlossen, ihren Eltern zu beweisen, daß dies wirklich ihr größter Wunsch war. Und das gelang ihr, indem sie während der nächsten zwei Jahre weiter in Kinderaufführungen mitspielte, darüber aber nie die Schule vernachlässigte und stets gute Noten bekam.

»Schließlich wurden meine Eltern doch weich und brachten mich zu einem Agenten, als ich zehn war«, erzählt Shannen. Und innerhalb der folgenden Woche hatte sie nicht nur einen unterschriebenen Vertrag in der Tasche, sondern auch ihre erste Rolle, als Sprecherin in dem Zeichentrickfilm ›The Secret of Nimh‹.

Mehrere Werbespots folgten, und dann kam ihre erste Fernsehrolle. »Ich hatte mich für eine zweiteilige Episode der Serie ›Father Murphy‹ vorgestellt«, berichtet Shannen. »Und ich wußte einfach, daß ich die Rolle bekommen würde. Denn die Figur hieß ›Drucilla Shannon‹ — der Nachname war fast identisch mit meinem Vornamen, und außerdem hieß meine Lieblingspuppe, die auch mein Glücksbringer war, Drucilla!«

Ihr Selbstvertrauen trog nicht: Shannen erhielt nicht nur diese Rolle, sie beeindruckte auch Michael Landon, der die Serie geschaffen hatte, so sehr, daß er ihr gleich eine Rolle in seiner neuen Serie ›Little House: a New Beginning‹ gab. Sie spielte dort die Jenny Wilder.

## **Drama im wirklichen Leben**

Für Shannen war das beste an ihrer Rolle in einer Fernsehserie, daß sie immer das Gefühl hatte, daß sie den ganzen Tag lang mit einer richtigen Familie zusammen sei. Jeden Tag mit denselben Schauspielern und derselben Mannschaft zusammen zu sein, vermittelte ihr ein Gefühl der Sicherheit. Und das war ihr Glück, denn zu Hause, in ihrer Familie, geschah etwas, was bei jedem Kind zu einer tiefen Verunsicherung geführt hätte. Die Dohertys waren stets eine Familie gewesen, in der alle liebevoll miteinander umgingen. Rosa, die sich anfangs so heftig gegen Shannens Pläne und Wünsche gesträubt hatte, machte eine Kehrtwendung, nachdem ihre Tochter die erste Rolle erhalten hatte.

»Meine Mutter hat mich stets sehr unterstützt«, sagt Shannen, und das tat Rosa wirklich. Sie begleitete Shannen jeden Tag zum Set, blieb dort, solange ihre Tochter arbeitete, und hatte ein wachsames Auge auf sie. Sie achtete darauf, daß Shannen sich nicht überanstrengte und daß sie jeden Tag drei Stunden zur Verfügung hatte, in denen sie für die Schule arbeitete. Shannen und ihre Mutter kamen sich in diesen Jahren außergewöhnlich nahe, und Shannen nannte sie ›ihre beste Freundin‹. Aber auch zu ihrem älteren Bruder Sean hat Shannen eine sehr enge Beziehung. Sie gibt zwar zu, daß sie früher oft miteinander wetteiferten (»Meistens ging es dabei um die Noten in der Schule; aber er war ein Genie und hatte nie Probleme, während ich mir meine guten Noten hart erarbeiten mußte«), doch sie betont auch stets, daß keiner den anderen je im Stich gelassen hat. Und diese Unterstützung und Nähe hatten sie auch bitter nötig, als

**Shannen Doherty trug früher ihr Haar zurückfrisiert, aber als Brenda zieht sie einen Pony vor.**

ihr Vater, Tom Doherty, eines Tages völlig überraschend einen Schlaganfall erlitt.

Shannen war gerade zwölf, und noch nie in ihrem Leben hatte etwas ihr solche Angst gemacht. »Es war damals sehr hart für uns alle«, erzählte Rosa Doherty einmal in einem Zeitungsinterview. »Aber die Zusammengehörigkeit in unserer Familie hat uns die nötige Kraft gegeben.«

Während ihr Vater im Krankenhaus lag, besuchten Sean und Shannen ihn jeden Tag. »Ich habe jeden Tag ein neues Bild für ihn gemalt«, erzählt Shannen, »und ich habe die Bilder überall in seinem Zimmer aufgehängt. Ich glaube, das hat ihn aufgeheitert. Aber ich habe schreckliche Angst gehabt, wenn ich ihn da liegen sah, nicht einmal mehr fähig, die einfachsten Kinderspiele mit uns zu spielen.«

Als Tom Doherty wieder ganz genesen war, erzählte er einmal seiner Tochter, daß er im Grunde sogar dankbar war für die Krankheit, denn dadurch war er gezwungen worden, alles etwas gemächlicher anzugehen. Dies gab ihm zudem die Möglichkeit, Shannen häufiger bei der Arbeit zu besuchen.

Es war eine Zeit, die Shannen in ihrem Leben nie vergessen wird. Denn damals begriff sie zum ersten Mal, daß Leben etwas sehr Zerbrechliches sein kann.

## Eine vielbeschäftigte junge Schauspielerin

Auch wenn zu Hause nicht alles problemlos war, so verlief Shannens Karriere doch überraschend glatt. Die Liste ihrer Rollen ist lang. Nach der Zeit bei

›Little House‹ übernahm sie sehr viele Gastrollen, z. B. in Folgen von ›The Voyagers‹, ›The Outlaws‹, ›Magnum‹, ›P. I.‹, ›Highway to Heaven‹, ›Airwolf‹, ›21 Jump Street‹ und ›Life goes On‹. Sie spielte Hauptrollen in ›The Other Lover‹ und ›Robert Kennedy and His Times‹, eine Nebenrolle in dem Spielfilm ›Nightshift‹ und eine größere in ›Girls Just Want to Have Fun‹, wo sie die jüngere Schwester des männlichen Stars spielte. Dazwischen spielte sie immer wieder in Fernsehspielen mit, trat häufig in der Werbung auf und wirbelte einmal sogar über das Trapez in ›Circus of the Stars‹.

## ›Our House‹, Shannens Regeln

›Our House‹ wurde zum ersten Mal im September 1986 ausgestrahlt, die Hauptrolle hatte Wilford Brimley. Die Handlung erzählt davon, wie eine verwitwete Mutter mit drei Kindern zu ihrem Schwiegervater zieht. Shannen spielt die mittlere Tochter, Kris Witherspoon, eine Vorläuferin von Brenda Walsh — und Shannen selbst nicht ganz unähnlich.

Shannen beschreibt Kris als »ein starkes, warmherziges und ehrliches Mädchen, das sich energisch für die Rechte der Frauen einsetzt«. Und dann zieht sie Parallelen zwischen sich selbst und dem Mädchen, das sie in dieser Rolle verkörpert: »Kris und ich sind uns sehr ähnlich. Sie hat festumrissene Ziele und arbeitet hart daran, diese Ziele zu erreichen, genau wie ich.« Doch dann gibt sie zu: »Die Produzenten haben mir erlaubt, die Rolle so weiterzuentwickeln, wie es meinen Ansichten und

Gefühlen entspricht, und deshalb sind wir uns so ähnlich.«

Indem man Shannen gestattete, die Rolle nach ihren Vorstellungen zu gestalten, gab man ihr auch einen gewissen Einfluß — was die Produzenten wahrscheinlich so manches Mal bedauert haben dürften. Denn das, was Shannen sagte, gab etliche Male in all den Jahren, während die Serie gedreht wurde, Anlaß zu Auseinandersetzungen.

Bei mehreren Gelegenheiten teilte Shannen öffentlich mit, daß sie nicht einverstanden war mit dem, wie Kris sich in der Serie verhielt. Weil Shannen persönlich bestimmte Sachen ablehnte, wollte sie auch nicht, daß Kris so etwas machte. Es gab in einer Folge eine Szene, in der die Teenager Alkohol trinken, und Kris war zum ersten Mal in ihrem Leben betrunken. Shannen haßte diese Szene und stritt sich deswegen mit den Produzenten.

»Kris dient so vielen jungen Leuten als Vorbild«, teilte sie der Presse mit. »Und wenn die Kids ihr dabei zuschauen, wie sie sich betrinkt, dann ist das kein gutes Beispiel.«

Shannen gewann ihre Schlacht, zumindest teilweise. Sie half dabei, das Skript umzuschreiben. Nun bedauert Kris die Trinkerei und schämt sich deswegen, statt darüber »zu lachen und zu kichern«, wie es im Original stand.

In einer Folge stand im Drehbuch, daß Kris ihren Großvater anbrüllt. Shannen glaubte nicht, daß ein junges Mädchen sich einem Älteren gegenüber so despektierlich benehmen sollte, und so wurde das Manuskript abgeändert. Bei einer anderen Folge bestand sie darauf, daß ein Hinweis auf Kondome gestrichen wurde, weil »es für die Handlung nicht wichtig war... und weil ich mich bei dieser Szene nicht wohl fühlte. Ich war der Meinung, daß es auch Kris nicht gefallen würde, und so bat ich darum, daß man diese Stelle herausnahm.« Sie wurde gestrichen.

Shannen spielte drei Jahre in ›Our House‹, und sie lernte eine Menge dabei, vor der Kamera und dahinter. Diese Erfahrung half ihr sicherlich dabei, ihre Rolle in *Beverly Hills, 90210* zu formen — und ihr wirkliches Leben.

## Wie man die High School überlebt

Obwohl Shannen immer einen hektischen Arbeitsplan hatte, lag ihre Priorität doch stets auf einer guten Schulbildung. Wenn es nicht anders ging, wurde sie im Studio unterrichtet, doch sie besuchte so oft wie möglich eine normale Schule. Einige ihrer Erfahrungen dort waren positiv, andere nicht.

Shannen begann die neunte Klasse in einer konfessionellen Schule nahe ihrem Elternhaus. »Das war das härteste Jahr meiner Schulzeit«, erinnert sie sich. »Weil du ganz neu bist, machen sie alle diese dummen Anfänger-Scherze über dich.« Aber diese Scherze waren Shannens geringstes Problem in jenem Jahr. »Ich war sehr oft nicht anwesend, weil wir ›Our House‹ drehten, und einige der Lehrer hatten eine Menge Vorurteile gegen mich, weil es ihnen so schien, ich sei niemals in der Klasse. Für mich war das ganz schön frustrierend, und ich hatte ständig das Gefühl, sagen zu müssen: ›Hey, Leute, es ist ja nicht so, als würde ich mir einen schönen faulen Tag machen, ich arbeite verdammt hart und bin noch nie ohne Hausaufgaben gekommen.‹ Aber oft wollten sie mir das einfach nicht glauben.«

Darüber hinaus störte sie sich an einigen anderen Regeln der Schule. »Es war eine konfessionelle Schule, und ich hatte meinen eigenen sehr starken Glauben. Aber das, was man uns in der Schule beibrachte, entsprach nicht immer dem, was ich glaubte. Ich konnte zum Beispiel nicht nachvollziehen, was am Tanzen verkehrt sein sollte, denn nirgendwo in der Bibel steht, daß Tanzen etwas Schlimmes ist. In solchen Dingen stimmte ich mit den Regeln der Schule einfach nicht überein.«

Nach einem Jahr verließ Shannen diese Schule.

Glücklicher war sie im Lycée Français, einer Schule, die sehr hohe Anforderungen stellte (eine der fünf Top-Schulen des Landes, behauptet sie), und dort verbrachte sie die nächsten drei Schuljahre. »Es ist eine ungewöhnliche Schule«, sagt Shannen, »und die Direktorin ist eine wunderbare Frau, die Respekt vor den Leistungen der Leute in meinem Beruf hat.«

Doch auch dort gab es Cliquen, genau wie in der West Beverly High der Serie. Shannen ging auf ihre eigene Weise damit um. »Ich hatte Kontakte zu sämtlichen Cliquen, und so hab' ich die High School überlebt. Ich bin immer ich selbst geblieben, und ich dachte mir, wenn ihr mich mögt, okay, wenn nicht, ist es auch nicht schlimm, dann seid ihr eben nicht meine Freunde. Aber meistens hatten die Leute mich ganz gern. Ihnen gefiel es, daß ich anderen Menschen gegenüber keine Vorurteile hatte.«

Shannen schloß die Schule mit hervorragenden Noten ab. »Beim Abschluß hatte ich einen Durchschnitt von 4.0«, erzählt sie stolz. »Mit den Abschlußnoten meiner Schule hätte ich in Princeton oder USC oder jedem College meiner Wahl studieren können. Aber natürlich wollte ich nicht studieren, sondern entschied mich, weiter Schauspielerin zu bleiben – zum Beispiel in *Beverly Hills, 90210.*«

## In unserer Serie wird gezeigt, daß auch Teenager intelligent sein können

Shannen gibt selbst zu, daß sie traurig war, als ›Our House‹ nicht mehr weitergedreht wurde; sie selbst war der Meinung, man hätte durchaus noch ein Jahr weitermachen können. Aber sie wußte auch, daß ›größere und bessere Dinge‹ auf sie warteten. Das erste jener größeren und besseren Dinge war ›Heathers‹, eine schwarze Komödie über das Leben an einer High School. Shannen spielte eins der vier Mädchen, die alle Heather heißen, und sie spielte neben solchen großen jungen Talenten wie Christian Slater, Winona Ryder, Lisanne Falk, Kim Walker.

Wenn eine junge Schauspielerin den Sprung vom Fernsehen zu Filmrollen schafft, will sie oft nicht mehr zum Fernsehen zurückkehren, weil sie das als einen Schritt zurück betrachtet. Shannen jedoch empfand keineswegs so. Sie nahm zwar nach ›Heathers‹ etliche TV-Angebote nicht an, aber nicht, weil sie Rollen fürs Fernsehen nun ablehnte.

»Die Drehbücher, die ich bekam, waren alle gleich. Ich kann euch gar nicht sagen, wie viele ich gelesen und gleich aussortiert habe.« Shannen hatte etwas gegen die Art, in der in diesen Drehbüchern Teenager dargestellt wurden. »Und ich entschloß mich, egal, wie sehr ich einen Job haben wollte, daß ich nur noch Rollen spielen würde, die einen gewissen Anspruch haben. Ich hasse Serien wie ›Growing Pains‹, in denen Kirk Cameron schon unglaublich glücklich ist, wenn er für eine Arbeit in der Schule noch eine ausreichende Note bekommt.«

Und so hatte sie in dem Jahr zwischen ›Our House‹ und Beverly Hills auch nicht ständig Arbeit, weil sie lieber ›verhungern‹ wollte statt Kompromisse zu machen.

Und dann bekam sie einen Anruf, daß sie sich für *Beverly Hills, 90210* vorstellen sollte. Das Drehbuch gefiel ihr so gut, daß Kompromisse gar nicht nötig waren.

»Die Serie ist sehr ehrlich«, sagt Shannen. »Und sie zeigt, daß Teenager auch heute noch bestimmte Werte und Moralvorstellungen haben. Hier geht es nicht um Kids, die ständig rauchen, Drogen nehmen oder die Schule schwänzen. Oder die sich mit unterdurchschnittlichen Benotungen zufriedengeben.«

Sie fügt hinzu: »Ich mag es auch nicht, Typen zu spielen, die völlig über den Wolken schweben. Ich mag keine Rollen, in denen Mädchen abschätzig dargestellt werden. Wenn ich einen Teenager darstelle, dann will ich einen spielen, der Verstand hat, intelligent ist – einen jungen Menschen, der denken kann.«

## Immer noch kein Blatt vor dem Mund

Das glitzernde Beverly Hills ist weit entfernt von dem anheimelnden ›Our House‹. Die Themen, gegen die Shannen in ihrer alten Serie so hart Widerstand geleistet hat — Alkohol für Teenager, Rebellion, die Erwähnung von Kondomen — werden in ihrer neuen Serie innerhalb eines Drehtages abgehandelt. Shannen sieht die Brenda genau wie Kris Witherspoon als Vorbild — aber sie macht sich nicht mehr so viele Gedanken darüber, daß sie ein schlechtes Vorbild sein könnte.

Sie vertraut den Drehbuchschreibern und Produzenten, genau wie jedem anderen Mitglied des Teams, und sie ist wie alle anderen stolz darauf, daß sie dabeisein darf. »Wir haben unseren Zuschauern gegenüber die Verantwortung, daß wir eine positive Botschaft vermitteln«, erklärt sie. »Keiner von uns will etwas Häßliches tun und dies den Zuschauern anbieten, denn wir sind in gewissem Sinne alle Vorbilder.«

Inzwischen äußert Shannen ihre Meinung auf einer etwas persönlicheren Ebene. Sie bekommt ungeheuer viel Fan-Post, und sie ist bemüht, die wirklich wichtigen Briefe schnell zu beantworten. Weil die meisten sie hauptsächlich als Brenda sehen, wenden sich viele junge Leute um Rat an sie. Und Shannen gibt ihn ihnen. »Viele Kids schreiben mir und stellen mir so schwierig zu beantwortende Fragen wie: ›Soll ich wirklich mit meinem Freund schlafen oder nicht?‹« erzählt Shannen, und sie nimmt diese Probleme ernst. »Ich schreibe den Mädchen, daß ich der Meinung bin, sie sollten solche Sachen ganz langsam angehen lassen. Daß jetzt vielleicht noch nicht der richtige Zeitpunkt für sie ist, insbesondere, wenn sie noch sehr jung sind. Ich rate ihnen, daß sie noch einmal über ihre Beziehung zu ihrem Freund nachdenken sollen, und wenn er sie bedrängt, dann sollen sie trotzdem warten und sagen, sie seien noch nicht bereit dazu, und ihm den

**Jason, Shannen, Ian und Gab haben sich in Schale geworfen, um bei ihrem ersten Geschäftstermin zu beeindrucken.**

Laufpaß geben. Daß sie erst einmal herausfinden sollen, wer sie selbst sind und so viel Vertrauen in sich selbst haben, daß sie sich nicht von irgend jemandem zu etwas drängen lassen, was sie selbst noch gar nicht wollen.«

»Ich behaupte ja auch gar nicht, daß Sex vor der Ehe falsch wäre. Ich sage nur, daß ich der Meinung bin, daß wir alle eine gewisse Vorsicht walten lassen sollten, und wenn wir es dann doch tun, daß wir zumindest auch auf den eigenen Schutz und auf Empfängnisverhütung achten sollten.«

»Ich bin auch der Meinung, daß man es nur bei einer ernsthaften Beziehung zu einem Jungen machen sollte, nicht nur bei einer flüchtigen Bekanntschaft. Und was noch viel wichtiger ist: Sofern man nicht gerade Todessehnsucht verspürt, sollten beide einen Aids-Test machen lassen.«

## Shannens Leben außerhalb der Studios

Es ist zweifelhaft, daß irgend jemand Shannen Doherty zu etwas zwingen kann, was sie nicht tun will. Sie hat ihre eigenen Entscheidungen getroffen, was Karriere und Privatleben betrifft. Kurz nachdem *Beverly Hills, 90210* zum ersten Mal ausgestrahlt wurde, ist sie aus dem Haus der Familie in ihre eigene Wohnung gezogen.

»Jetzt lebe ich allein, und ich bin sehr glücklich damit«, sagt sie. Natürlich bedeutet das nicht, daß sie einsam ist — sie hat viele Freunde, und sie genießt es, einen Einkaufsbummel mit ihnen zu machen oder gemeinsam essen oder ins Kino zu gehen. Außerdem reitet sie gern — sie hatte sogar eine Zeitlang ihr eigenes Pferd —, liest viel, malt, spielt Tennis und hält sich auch sonst fit.

»Gesund zu bleiben ist sehr wichtig für mich«, erzählt Shannen. »Ich versuche immer, in Form zu bleiben, und ernähre mich auch sehr gesund.« Sie vermeidet es, rotes Fleisch zu essen, und wann immer sie die Möglichkeit hat, versucht sie, überflüssige Kalorien abzutanzen. Sie liebt das L. A. Kings Hockey-Team, hört am liebsten Musik von Frank Sinatra und U2, und im Fernsehen sieht sie regelmäßig ›Knots Landing‹.

## Pläne für die Zukunft

Shannen hofft, daß *Beverly Hills, 90210* noch viele Jahre läuft. Sie ist der Meinung, daß die Serie um so populärer wird, je länger sie ausgestrahlt wird. Und sollte ihr eine Filmrolle angeboten werden — und sie hofft, daß dies der Fall sein wird —, dann kann sie die dreimonatige Drehpause in der Serie dafür nutzen.

Wenn Shannen sich Gedanken über die weitere Zukunft macht, sieht sie sich als Produzentin guter Serien: Dann bräuchte sie nicht auf ansprechende Rollen zu warten.

Will sie auch einmal eine eigene Familie haben? »Aber sicher — nur im Moment nicht. Eine eigene Familie ist das absolut Wichtigste für mich. Ich möchte viele Kinder haben, am liebsten fünf.«

# 4

# JENNIE GARTH

**Spielt: Kelly Taylor**

Kelly Taylor, die Rolle, die Jennie Garth spielt, ist ein wahres Produkt ihrer Umgebung. Kelly scheint alles zu haben. Sie wurde in Beverly Hills geboren, ist dort aufgewachsen und wollte nie woanders sein.

Manchmal scheint sie ziemlich verwöhnt und frech, aber es gibt auch eine andere Seite an ›Killer‹ Kelly. Ihre Mutter ist Alkoholikerin, ihr Vater hat sich davongemacht – niemand weiß, wohin –, und Kelly hatte wenig Hilfe, als sie anfing, erwachsen zu werden.

Auch in ihrem wirklichen Leben könnte man Jennie Garth als ein typisches Produkt ihrer Umgebung ansehen – mit dem einen Unterschied, daß Jenny nicht in einer goldenen Wiege gelegen hatte. Sie wurde in Champaign/Urbana, Illinois, geboren und verbrachte ihre Kindheit nicht in einem Paradies aus Swimmingpools, sondern nur einen Steinwurf entfernt vom Pferdestall. In der Einfahrt war kein Porsche geparkt, dort stand der Traktor. Jennie Garth wuchs auf einer Farm auf, stand bei Tagesanbruch auf, kümmerte sich um die Tiere und erledigte auch viele andere tägliche Pflichten. Und sie liebte jeden einzelnen Augenblick davon.

Als sie dreizehn war, zog Jennie mit ihrer Familie nach Phoenix, Arizona, und genau wie in einer Hollywood-Geschichte entwickelte sie sich bald zu einer Schönheit und ging kurz darauf nach Hollywood, um ein Star zu werden. Oberflächlich betrachtet scheint ihr Leben, genau wie das Leben des Mädchens, das sie in *Beverly Hills, 90210* verkörpert, idyllisch gewesen zu sein. Doch genau wie Kelly die Eisprinzessin spielt, um hinter dieser Maske ihren Kummer und ihren Schmerz zu verbergen, so hatte auch Jennie ihren Teil an Problemen und Herausforderungen. Ihre Geschichte ist kein Märchen. Nachdem Jennie herausgefunden hatte, was sie werden wollte, hat sie hart für ihren Erfolg gearbeitet.

## Die Tochter eines Farmers

Jennies Eltern sind John und Carolyn Garth. Sie wurde 1972 als jüngstes von sieben Kindern geboren. Sie hat drei Brüder und drei Schwestern, und als Nesthäkchen wuchs sie sehr behütet auf. Die Garths haben stets fest zusammengehalten, und die kleine Jennie fühlte sich sicher und geborgen in ihrer großen Familie, die kaum verschiedener von der Kellys hätte sein können. Ihre Eltern haben sie immer sehr unterstützt, sie wurde von allen geliebt. Und Jenny

**Jennie Garth spielte vor 90210 in der kurzlebigen TV-Serie *A Brand New Life*.**

war wild wie ein Junge, sie ritt auf Pferden, kletterte auf Bäume, spielte auf den Feldern.

Sie war eine gute Schülerin, hatte viele Freunde und träumte wahrscheinlich nie davon, etwas anderes zu werden als die Frau eines Farmers. Das Showbusiness war etwas, was nicht zu ihrer Welt gehörte. Es fällt schwer, sich vorzustellen, daß sie jemals daran gedacht hat, sich eines Tages um die Hauptrolle in einer TV-Serie zu bewerben.

## Der Umzug in die große Stadt

Jennies idyllische Kindheit fand ein abruptes Ende, als sie dreizehn war. Die Familie zog aus dem Mittelwesten fort, weg von der Farm. Die Frau, die Jennies Schauspiellehrerin wurde, berichtet, daß der Grund für den Umzug John Garths Gesundheit war. »Er hatte einen Herzanfall«, erzählt Jean Fowler. »Sie zogen in eine Gegend mit trockenerem Klima.« Jennie Garth hat erfahren müssen, wie es ist, wenn man neu in einer Stadt ist.

Die Garths zogen nach Phoenix, Arizona, in eine Großstadt und damit so weit fort vom Landleben wie nur möglich. Und gerade für das jüngste Kind der Familie ging die Umstellung auf das neue Leben nicht ganz ohne Kampf ab. Es ist schon schlimm genug, als Neue auf eine Schule zu kommen, aber Jennie mußte das gleich zweimal hinter sich bringen, da die Garths innerhalb der Stadt noch einmal umzogen. Für Jennie bedeutete es, daß sie sich noch einmal an eine neue Schule gewöhnen, daß sie wieder neue Freunde finden mußte. Doch die erste

Schule, die Jennie in Phoenix besuchte, hatte keinen allzu guten Ruf, und deshalb fühlte Jennie sich an der zweiten gleich um sehr vieles glücklicher.

## Ein neuer Traum

So hart der Umzug auch für Jennie war, so wäre sie doch kaum eine Schauspielerin geworden, wenn sie nicht das Leben in einer großen Stadt kennengelernt hätte. Um sich an ihre neue Umgebung zu gewöhnen, hatte Jennie begonnen, Tanzunterricht zu nehmen, und es dauerte nicht lange, bis sie eine begeisterte Schülerin war. Jeden Nachmittag und den ganzen Samstag verbrachte sie im Tanzstudio.

»Ich hoffte damals, daß ich Tanz am College studieren könnte«, erzählte Jennie einmal der ›Phoenix-Gazette‹.

Als sie zwischen dreizehn und vierzehn war, begann Jennie, an lokalen Schönheitswettbewerben teilzunehmen, denn sowohl ihr Aussehen als auch ihr Talent brachten ihr Pluspunkte. Sie war eine wunderbare Tänzerin, und ihre Auftritte vor den Preisrichtern waren routiniert.

Als Jennie immer größere Erfolge bei den Wettbewerben errang, häuften sich die Anregungen, daß sie an eine Karriere als Model oder vielleicht sogar als Schauspielerin denken sollte. Jennie fand diese Idee verlockend. Aber sie wußte, daß sie Hilfe dabei brauchen würde. Und die fand sie bei ihrer Mutter.

**Der gutaussehende Byron Thames spielte mit Jennie in *A Brand New Life*.**

## Sie wußte, was sie wollte — und arbeitete hart, es zu bekommen

Carolyn Garth hatte keine Verbindungen zum Showbusiness. Aber sie war eine erfolgreiche Immobilienmaklerin, und als sie erkannte, wie tief das Interesse ihrer jüngsten Tochter am Tanzen war und mit welcher Leichtigkeit sie alle Schönheitswettbewerbe gewann, beschloß sie, Erkundigungen einzuziehen. Ein Kollege in ihrer Firma kannte einen Berufsfotografen und schlug vor, daß Carolyn und Jennie erst einmal richtig professionelle Aufnahmen machen lassen sollten.

Jener Fotograf war Don Gianetti — und er erinnert sich noch gut an Jennie. »Sie war ein wunderbares, kluges Kind«, sagt er. »Sie wußte genau, was sie wollte, und sie war sehr reif für ihr Alter. Sie war damals erst vierzehn und schon entschlossen, im Showgeschäft Karriere zu machen. Und dafür wollte sie auch hart arbeiten.«

Die Verbindung zu Don entwickelte sich äußerst positiv. Don machte nicht nur Aufnahmen von ihr, er stellte Jennie seiner Frau Marian vor, einer Ballettlehrerin. »Ich habe Tanz in der High School unterrichtet«, erzählt sie, »aber als Jennie mich bat, ihr bei der Vorbereitung für einen Auftritt bei einem Schönheitswettbewerb zu helfen, gab ich ihr private Stunden. Ich half ihr, die Choreographie eines Jazztanzes zu erstellen, und sie kam bei diesem Wettbewerb auf einen der vorderen Plätze. Sie wurde eine Freundin unserer Familie.«

Don Gianetti brachte Jennie mit Ruth Leighton zusammen, einer Agentin, und die Agentur, für die Ruth arbeitete, nahm den hübschen blonden Teenager sofort unter Vertrag. »Als sie das erste Mal zu uns kam«, erzählt Ruth, »hatte sie absolut keine Erfahrung, was Schauspielerei anging.« Das heißt, Jennie hatte ein paarmal versucht, einige Kurse bei einer Einrichtung namens Actor's Lab mitzumachen, aber stets war sie der einzige Teenager unter lauter Erwachsenen gewesen. Ruth Leighton schlug ihr vor, Privatstunden zu nehmen, und brachte Jennie mit Jean Fowler zusammen, einer Schauspiellehrerin.

Jean war früher in New York Schauspielerin gewesen, und sie hatte viel Erfahrung und viele Verbindungen im Showgeschäft, die sich schließlich als wertvoll für Jennie erwiesen.

## ›Ich wußte, daß dieses Mädchen Erfolg haben würde‹

Jennie war eine der ersten Privatschülerinnen von Jean Fowler, und die Lehrerin wußte vom ersten Moment an, als sie den unerfahrenen Teenager vor sich stehen sah, daß dieses Mädchen Talent und einen festen Willen hatte. Jennie arbeitete hart mit Jean, um die Grundlagen des Schauspielhandwerks zu lernen.

»Kaum daß ich angefangen hatte, mit ihr zu arbeiten«, berichtet Jean, »da wußte ich, daß dieses Mädchen Erfolg haben würde. Und als ihre Mutter erwähnte, daß sie sich überlegten, nach Los Angeles zu gehen, da sagte ich ihr: ›Tun Sie das! Es wird sich für das Mädchen lohnen!‹«

Die Idee, nach Los Angeles umzuziehen, war ihnen

bei einem der Wettbewerbe, an denen Jennie teilnahm und einen Preis gewann, gekommen. Randy James, einer der Juroren, war, wie sich herausstellte, ein Talentsucher. Er sagte den Garths, daß Jennie seiner Meinung nach eine ganz besondere Lebhaftigkeit, Frische und Selbstvertrauen besaß – ideale Voraussetzungen für eine Karriere im Showgeschäft. Er gab Jennie seine Karte und bat sie, ihn aufzusuchen, falls sie sich je entscheiden sollte, nach Hollywoood zu kommen.

Als Jennie und ihre Mutter der Schauspiellehrerin von Randy James erzählten, nutzte sie sofort ihre Beziehungen, um ihn zu überprüfen. Er erwies sich als seriöser Agent, der sogar Corbin Benson von ›L. A. Law‹ unter Vertrag hatte.

»Aber als die Garths mit Randy Kontakt aufnahmen«, erzählt Jean, »hat er ihnen geraten, nicht sofort nach Los Angeles zu ziehen. Er meinte, es sei vernünftiger, wenn sie weiterhin Unterricht bei mir nähme, und ich sollte ihm Videobänder schicken, so daß er ihre Fortschritte verfolgen konnte.«

Und genau das taten sie auch. Randy James schaute sich alle Bänder an und sagte Jennie seine Meinung dazu, was sich für sie als sehr hilfreich erwies. »Einmal«, so erinnert Jean sich, »machte er darauf aufmerksam, daß sie in die Kamera schaute, statt den anderen Schauspieler anzusehen, mit dem sie arbeitete. Solche Kleinigkeiten halfen ihr beim Lernen.«

Es dauerte einige Monate, bis Randy James entschied, daß Jennie nun so weit wäre, daß sie nach Los Angeles kommen könnte – was ihn davon überzeugte, war eine Szene aus einem alten Drehbuch von ›Eight is enough‹, die Jennie ihm schickte.

»Es war eine Szene«, berichtet Jean, »in der Jennie jemanden spielte, der eine überaus schlechte Wiedergabe von Shakespeares Romeo und Julia zum Besten gibt. Sie war so komisch, daß man aus Holz hätte sein müssen, um nicht zu erkennen, wie absolut hinreißend sie war.«

## Das neue Mädchen in der Stadt — wieder einmal

»Es war mein eigener Entschluß, nach Hollywood zu gehen«, erzählt Jennie. »Niemand hat mich dazu gedrängt.« Aber natürlich haben ihre Eltern sie unterstützt, obwohl das bedeutete, die Familie teilweise auseinanderzureißen. »Mein Vater blieb in Phoenix«, sagt Jennie, »während meine Mutter und ich an Randy James' Tür klopften.«

Randy wurde schon bald Jennies Manager, aber selbst unter seiner Führung war es nicht einfach, in Hollywood zum Erfolg zu kommen.

»Mom und mir blieb es nicht erspart zu kämpfen«, gibt Jennie zu. »Wir zogen zusammen mit drei anderen Leuten in eine Wohnung.« Und dann begab sich Jennie voll Hoffnung an die Arbeit, das hieß, sie nahm so viele Vorsprechtermine wie möglich wahr, und abends nahm sie Schauspielunterricht. »Es war wirklich hart«, erzählt sie der Journalistin Barbara Holsopple. »Ich hatte wahrscheinlich dreiundzwanzig Stunden am Tag das Gefühl, daß ich einen Fehler gemacht hatte. Mein Vater war immer noch in Phoenix, und ich hatte keine Freunde in L. A. Selbst wenn du entdeckt wirst, bist du immer unterwegs. Manchmal für vier Vorstellungstermine am Tag.«

Nur vier Monate später bekam Jennie die erste

bezahlte Rolle. Man wählte sie aus als Darstellerin in ›Magical World‹, der Disney Serie von 1989. Das Stück hieß ›A Brand New Life‹, in dem Barbara Eden als geschiedene Frau mit Kindern, die einen Mann mit eigenen Kindern heiratet, die Hauptrolle spielte. Doch nur sieben Folgen wurden von dieser Serie ausgestrahlt.

Zwischen dieser enttäuschenden Erfahrung und der Rolle in *Beverly Hills, 90210* tat Jennie das gleiche wie alle anderen Anfänger in Hollywood: Sie rannte sich die Absätze ab auf der Suche nach Arbeit. Sie wurde mit einer kleinen Gastrolle in der Serie ›Growing Pains‹ belohnt, außerdem mit Rollen in Disney-Filmen, einer weiteren in ›Just Perfect‹ und einer der Hauptrollen als Carrie in ›Teen Angel Returns‹, wo sie zum ersten Mal Jason Priestley traf.

›Teen Angel Returns‹ war ein Spielfilm in voller Länge, der jedoch in 15-Minuten-Segmente aufgeteilt wurde, die man dann täglich im Mickey Mouse Club des Disney Fernsehsenders sehen konnte. Jason spielte einen Engel, der vom Himmel heruntergesandt wird, um Menschen in Not mit einem Wunder zu helfen. Die Schauspielerin Robyn Lively brauchte seine Hilfe, und Jennie spielte die Rolle der Carrie DiNato, der bösen Rivalin.

Es war das erste Mal, daß sie eine Rolle spielte, die ihrem Typ genau entgegengesetzt war, und sie machte es überzeugend. Wie Jean Fowler bestätigt, ist »Jennie so ganz verschieden von Kelly. Sie hat den gleichen Sinn für Humor, aber in ihrem wirklichen Leben ist sie alles andere als schnippisch; sie ist verletzlich und eher um andere Menschen besorgt. Sie ist ein sehr auf die Familie fixiertes Mädchen, lustig und um viele Facetten reicher als Kelly.«

## Umzug nach Beverly Hills

Es ist für alle Schauspieler schwierig, von einem Vorsprechtermin zum anderen zu ziehen und Arbeit zu suchen — für Jennie war es doppelt schwierig und frustrierend. Sie war sich stets bewußt, daß ihre Mutter ihretwegen den Beruf aufgegeben und den Rest der Familie verlassen hatte.

Nach Aussage ihrer Freunde war Jennie überhaupt nicht optimistisch, was ihre Chancen betraf, die Rolle der Kelly in *Beverly Hills, 90210* zu bekommen. Sie wollte diese Rolle so sehr, glaubte aber nicht, daß sie es schaffen würde. Sie fürchtete, daß die Leute, die die Schauspieler aussuchten, selbst nicht so genau wußten, was sie wollten. Jennie mußte noch einmal zu vier oder fünf weiteren Vorsprechterminen gehen, bevor sie dann endlich die Rolle doch bekam.

»Ich liebe alles an dieser Serie«, schwärmt Jennie, wenn sie darüber spricht, wie es ist, wenn sie jeden Tag zur Arbeit geht und Kellys Designer-Kleider anzieht. »Ich bin so stolz darauf, daß ich bei dieser Serie mitwirken darf. Hier wird den Kids gezeigt, daß es nicht so schlimm ist, wenn man einmal einen Fehler macht, und daß man sich ruhig damit Zeit lassen kann, erwachsen zu werden.«

## Würde sie alles aufgeben?

Obwohl Jennie keine Schwierigkeit hat, die Lippen verächtlich zu verziehen und den Snob zu spielen, fällt es ihr auch nicht schwer, wieder so nett zu sein, wie es typisch für sie ist, sobald die Kameras schwenken.

Wenn alles abgedreht ist, zieht sie wieder ihre gewöhnlichen Jeans, T-Shirts und Turnschuhe an, und meistens beschäftigt sie sich dann mit Backen oder Kochen, Saubermachen, oder sie liest. »Ich führe ein sehr ruhiges, gemütliches Leben«, sagt sie.

Jennie findet es schön, daß sie so viele Freunde hat, und sie liebt es, für sie zu kochen. Schon mehr als einmal hat sie ihre Kollegen von *Beverly Hills, 90210* zu sich zum Essen eingeladen. »Sie kann hervorragend backen«, sagt Gabrielle Carteris, »und einmal hat sie uns sogar mit einer ganz tollen selbstgemachten Pizza überrascht.« Jennie näht außerdem wunderhübsche kleine Puppen und verschenkt sie an ihre Freunde.

Jennie glaubt ganz fest an Liebe, Heirat, Familie. So fest, daß ihre Fans, sobald der rechte Zeitpunkt für Jennie gekommen ist, wahrscheinlich mit ansehen können, wie sie sich entscheiden wird, ob sie das Showgeschäft aufgibt oder versuchen wird, die Schauspielerei mit ihrer Rolle als Ehefrau und Mutter zu verbinden.

# 5

# IAN ZIERING

**Spielt: Steve Sanders**

Wie kommt man von West Orange, New Jersey, zur West Beverly High? Wenn man Ian Ziering ist, dann braucht man nur den Gang in einem Supermarkt entlangzugehen, um entdeckt zu werden.

»Als ich vier Jahre alt war, sprach jemand meine Mutter an«, erzählt Ian. »Es war der Manager des Supermarkts, den ich gerade in ein einziges großes Chaos verwandeln wollte. Er hatte mich am Arm gepackt, weil ich nämlich die Gänge auf und ab gelaufen war und die Konservendosen umgeworfen hatte. Ich war damals der festen Überzeugung, daß das ein großer Spaß sei.«

Zum Glück für Ian war der Manager ein sehr verständnisvoller Mann – er brachte Mrs. Ziering auf eine gute Idee. »Ihr Junge ist sehr lebhaft«, sagte er. »Vielleicht sollten Sie einmal darüber nachdenken, ob Sie nicht andere Wege finden, in die Sie die Energie Ihres Sohnes konstruktiv leiten können — zum Beispiel im Showgeschäft?«

## Ein wildes und glückliches Kind

Diese Geschichte hat sich wirklich ereignet, und in der Tat überlegte Mickie Ziering, Ians Mutter, von diesem Moment an, ob es nicht wirklich besser sei, ihren Sohn vor laufenden Kameras statt in den Gängen eines Supermarktes spielen zu lassen. Das einzige Problem war nur, daß es nicht der kürzeste Weg zum Ruhm war, in einem Supermarkt entdeckt zu werden. Und in der Tat sollte es noch acht Jahre dauern, bis jemand im Showgeschäft endlich der gleichen Meinung war wie jener Manager des Supermarktes!

»Ich war immer ein ausgesprochen lebhaftes Kind und habe es geliebt, die Leute zu unterhalten und Witze zu reißen«, erinnert Ian sich. »Man könnte sogar sagen, ich war ein hyperaktiver kleiner Unruhestifter.« Seine Familie war sein bestes Publikum. Ian pflegte seinen beiden älteren Brüdern Jeff und Barry etwas vorzuführen, »und sie lachten, bis ich anfing, sie zu ärgern. Dann haben sie mich verprügelt.«

Es ging zwar manchmal ein bißchen rauh, aber immer liebevoll zwischen den Brüdern zu, denn in Ians Familie stehen sich alle so nahe, wie sie in Steve Sanders' Familie distanziert und zurückhaltend sind.

Paul Ziering war ein begabter Musiker, der sogar

eine Zeitlang ein eigenes Orchester hatte, doch er gab diese Karriere auf und wurde Lehrer. Er und seine Frau Mickie zogen ihre drei Söhne in einem hübschen Haus in familiärer Nachbarschaft in New Jersey auf. Niemand in der Familie hatte irgendwelche Verbindungen zum Showgeschäft, aber New York war nicht weit entfernt, und Mickie Ziering wußte, daß ihr Sohn gute Aufnahmen von sich brauchte, damit man sie Agenten vorlegen konnte.

»Deshalb wurden jedes Jahr von meinem vierten Lebensjahr an bis zu meinem zwölften diese Fotos von mir gemacht«, erinnert sich Ian, »und jedes Jahr war es das gleiche. Kein Mensch hatte Interesse daran. Kann sein, daß es daran lag, daß ich während einiger dieser Jahre eine ganz seltsame Entwicklung durchmachte. Ich hatte die Zähne eines Erwachsenen, aber nicht den passenden Kopf dazu – ich sah aus, als hätte ich einen Zaun damit durchbeißen können.«

Daß Ian darüber Witze machen konnte, lag daran, daß er ein glückliches Kind war. Es war ihm kein brennendes Verlangen, ins Showgeschäft zu gehen, obwohl er es immer wieder versuchte. Ian machte stets bei den Schulaufführungen mit, und regelmäßig bekam er die Hauptrolle. Er besuchte auch Sommer-Camps, in denen man sich hauptsächlich mit Schauspielen beschäftigte, und er gehörte dem Gemeindekindertheater an. Er war so aktiv, weil es ihm Spaß machte, nicht weil er hoffte, daß ihn irgendwann einmal ein Talentsucher entdecken würde oder weil ihn jemand gezwungen hätte.

# **Sein großer Durchbruch**

Als Ian zwölf war, begann plötzlich seine große ›Karriere‹. »Zum ersten Mal war ich auch wirklich bereit, mich vor eine Kamera zu stellen«, erzählt Ian. Er unterzeichnete einen Vertrag mit einer bekannten Kinderagentur — einer der vielen, an die während all der Jahre seine Fotos geschickt worden waren — und erhielt seinen allerersten Job als Model für einen Kodak-Katalog.

»Danach habe ich noch öfter als Model gearbeitet, dann kamen Radio- und Fernsehwerbung. Und schließlich bekam ich sogar eine Rolle in einem Film: Ich spielte Brooke Shields' kleinen Bruder in ›Endless Love‹.«

Als er also endlich im ›Biz‹ war, (so kürzen die Amerikaner ›Business‹ ab — die Red.) begriff Ian, daß er um so größere Chancen hatte, je vielseitiger seine Fähigkeiten als Entertainer waren. Also begann er, Unterricht zu nehmen, nicht nur Schauspielunterricht, sondern auch Gesangs- und Tanzstunden. »Ich habe sogar eine Zeitlang an der New Jersey School of Ballet Kurse genommen und Jazzdance belegt.«

Sein Eifer zahlte sich aus. Ian spielte in den Nachmittags-TV-Serien ›Love and Life‹ und ›The Doctors‹ mit und erhielt die Hauptrolle in dem TV-Kinderfilm ›Flour Babies‹. Danach spielte er sieben Monate lang am Broadway in dem Stück ›Remember Mama‹. Von allem, was er bis dahin gemacht hatte, gefiel Ian die Bühnenarbeit am besten. »Man kann fühlen, wie man vom Publikum aufgenommen wird«, erklärt er. »Ich mußte auf der Bühne singen und tanzen, und wenn man dann vor den Vorhang gerufen wird und

**Das ist die ›Bestie aus der Hölle‹, Ians geliebter Coty.**

Beifall bekommt, spürt man, wie einem die ganze Haut kribbelt. Es war aufregend. Eine Erfahrung, die ich immer noch spüren kann.«

## Schulzeit

Obwohl er schon als Schauspieler arbeitete, besuchte er immer noch die nahegelegene öffentliche Schule. Die High School, die nur ein paar Blocks von seinem Zuhause entfernt war, hatte nicht viel Ähnlichkeit mit der West Beverly High. Die Kids dort stammten nicht gerade aus reichen Familien, und nur eine Handvoll der älteren Schüler hatte eigene Wagen, gebrauchte Autos obendrein. Ian war nur ein durchschnittlicher Schüler. Er gibt zu: »Ich hatte immer viel Spaß in der Schule, aber ich habe sie nicht allzu ernst genommen.« Lernen war nicht das einzige, was er nicht allzu ernst nahm – ihn interessierte es auch nicht, ob er die Nummer eins auf der Beliebtheitsskala war oder nicht. »Ich habe mich meistens um meine eigenen Interessen gekümmert«, sagt er. »Ich hatte gute Freunde, und natürlich gab es bei uns auch eine ›In‹-Clique, aber es hat mich nicht interessiert, ob ich dazugehörte oder nicht.«

Zugegebenermaßen hatte Ian nicht allzu viel Zeit, um nach der Schule mit Freunden herumzuhängen – er war damit beschäftigt, nach New York zu fahren, zu arbeiten oder zu einem Vorsprechtermin zu gehen.

Das einzige Hobby, wofür er sich die Zeit nahm, war Schwimmen. Ian gehörte dem Schwimm- und Kunstsprung-Team seiner High School an – obwohl es in der Schule selbst nicht einmal ein Schwimmbecken gab. »Wir haben immer im öffentlichen Schwimmbad trainiert«, erzählt Ian. Er war ein guter Sportler, und er hätte am liebsten noch mehr Sport in der Schule getrieben, aber er mußte wegen seiner Schauspielerei darauf verzichten – und er bedauert es nicht.

»Mir ist nie der Gedanke gekommen, daß ich meine Karriere aufgeben könnte, nur um ein normaler Teenager zu sein«, sagt Ian. »Ich war ein Teenager, der Schauspieler sein, der auftreten wollte; das war es, was mir Spaß machte.«

Nach dem Abschluß an der High School ging Ian Ziering aufs College. »Das gehörte sich einfach so in meiner Familie. Man besuchte die Junior High School, die High School, man ging aufs College. »Und danach kannst du tun und lassen, was du willst, mein Sohn«, macht er seinen Vater nach. »Nicht aufs College zu gehen, wäre einfach undenkbar gewesen.«

Ian schrieb sich im William Patterson College in Wayne, New Jersey, ein, wo er den Bachelor in Theaterwissenschaft erwarb. Trotz des Studiums vernachlässigte er die Schauspielerei nicht. Während all dieser Jahre erfüllte Ian sein erstes festes Schauspielengagement.

## ›The Guiding Light‹

Als er die Möglichkeit erhielt, sich für eine der Hauptrollen in einer ›Seifenoper‹ vorzustellen, zögerte Ian nicht. Er hatte nie verächtlich auf solche soap-operas herabgesehen, wie manche Schauspieler es tun. Im Gegenteil, er betrachtete sie als

Chance, ein erstes festes Engagement zu gewinnen, eine Arbeit zu finden, bei der er das tun konnte, was ihm am besten gefiel und wo er »das beste Training bekam, das ein Schauspieler bekommen kann.«

Als Ian die Rolle des Cameron Stewart in der CBS-Serie ›The Guiding Light‹ erhielt, war er ganz aufgeregt. Obwohl er wußte, daß der gute Kerl, den er spielte, »ziemlich eindimensional und ungeheuer langweilig war«, nutzte er seine Zeit klug.

»Bei ›Guiding Light‹ hatte ich die Möglichkeit, fünf Drehbücher zu studieren, mit vierzig verschiedenen Leuten und fünf Direktoren zusammenzuarbeiten – und das alles innerhalb einer Woche. Ich lernte, wo die Kameras waren, und bekam eine ziemlich gute Vorstellung davon, was Schauspielerei überhaupt ist.« Ian sah sich die Serie jeden Tag an, um herauszufinden, was gut für ihn war und was nicht. »Ich konnte mich kritisch beobachten, wie ich in der einen Szene stand oder ob ich in einer anderen zu übertrieben wirkte. Auf die Art gelang es mir, meine Arbeit zu verbessern.«

Dennoch, ›Guiding Light‹ wurde nach drei Jahren eingestellt, und Ian fand sich ziemlich abrupt draußen auf der Straße wieder, ohne Arbeit.

## Das Bemühen um eine neue Rolle

Bis zur nächsten Rolle dauerte es mehr als ein Jahr. Er gibt selbst zu, daß es eine harte Zeit war – aber mit der Liebe und der Unterstützung seiner Familie brachte er auch diese Zeit hinter sich.

»Ich hatte keine Rolle mehr und brauchte Geld, um

die nächste Rate für meine neue Wohnung zu bezahlen. Ich hatte keinen Cent mehr von meinem Vater genommen, seit ich siebzehn war, und ich war stolz darauf. Mein Dad bot mir an, mir Geld zu leihen, er hätte mich nie hängenlassen. Und nicht ein einziges Mal sagte er zu mir: ›Du hast einen Collegeabschluß, also geh und such dir einen vernünftigen Job.‹ Deshalb war es für mich wirklich ein trauriger Tag, als ich dann doch zu meinem Vater gehen und sagen mußte: ›Bitte, hilf mir!‹ Aber ich zögerte noch eine Woche, bevor ich den Scheck einlöste – und dann bekam ich den Vertrag für diese Rolle und gab meinem Vater den Scheck zurück.« Außerdem kaufte Ian seiner Familie ein neues Auto – als Ausgleich dafür, daß das alte doch sehr darunter gelitten hatte, daß seine Mutter ihn früher jeden Tag nach der Schule nach New York gefahren hatte.

Obwohl er keine Rolle hatte, war Ian in diesem einen Jahr nicht müßig. Er hatte eine Stelle als Aushilfslehrer angenommen (»Ich erinnerte mich wieder an die Zeit, als ich noch auf der Schule war und wir uns einen Spaß daraus machten, den Aushilfslehrern das Leben schwer zu machen – und nun war ich selbst einer! Das war schon ein seltsames Gefühl.«) und noch einen weiteren Teilzeitjob an einem Forschungsaquarium. Meeresbiologie hatte Ian schon immer fasziniert – und so nutzte er die erzwungene Pause, um mehr über diesen Bereich zu lernen.

**Zurück zu den Erinnerungen: Ian an seinem Platz an der New Jersey High School. Er gibt zu, nicht der beste Schüler gewesen zu sein, aber er besuchte das College.**

## Umzug nach Beverly Hills

Als sich die Chance ergab, sich um die Rolle des Steve Sanders zu bewerben, griff Ian mit beiden Händen zu. Er ging zu dem Vorstellungsgespräch, bereit, sein Bestes zu geben. Und schon nach ein paar Tagen saß Ian in einem Flugzeug nach Beverly Hills!

Als er nach Kalifornien zog, war dies für den Jungen aus New Jersey wie ein Kulturschock. »Zu Hause hörte ich, wenn ich abends ins Bett ging, das Zirpen der Grillen, hier jedoch hörte ich nichts anderes als die Sirenen der Einsatzwagen. Es ist ganz schön verrückt, wenn man hier die Straße entlang und an einem Wagen vorbeigeht, und dann redet er plötzlich mit dir und sagt: ›Sie sind diesem Auto zu nahe gekommen, bitte, treten Sie ein paar Schritte zurück!‹ Es gibt tatsächlich Autos hier, die eine solche Anlage haben.«

Ian liebt es, den Steve zu spielen, den er als einen komplexeren Charakter als den Cameron aus ›Guiding Light‹ beschreibt. »Steve wirkt nach außen hin hart, aber tief in seinem Inneren ist er zärtlich und verletzlich. Er lebt auf der Grenze zwischen dem, was Illusion und was wirklich ist, aber das ist typisch für das Leben in Beverly Hills.«

Ian ist also nicht nur vom Künstlerischen her mit seiner Rolle zufrieden, die er als ›verantwortungsbewußtes Fernsehen‹ bezeichnet. »Bei uns werden eine Menge aktuelle Themen behandelt; es wird gezeigt, welche Probleme Teenager haben und wie sie damit fertig werden.«

Ian hat seine Rolle als ›Vorbild‹ bereitwillig angenommen. Und seit er in der Serie mitspielt, hat er so manches Mal an High Schools im gesamten Land Vorträge gehalten. »Wenn ich auch nur einem jungen

Menschen dabei helfen kann, *nicht* in die falsche Richtung zu gehen, dann gibt mir das ein Gefühl der Zufriedenheit.«

## Freizeitspaß

Wenn Ian nicht arbeitet, dann versucht er gewöhnlich, sich fit zu halten — tägliches Krafttraining gehört zu seinem Programm. Genau wie Spaziergänge im Park mit Coty, dem Hund, den er aus dem Heim geholt hat und den er liebevoll die ›Bestie aus der Hölle‹ nennt. Coty ist ein zwei Jahre alter Mischling und bis jetzt Ians einzige Liebe.

»Es gibt einen Park in Los Angeles, in dem man die Hunde ohne Leine laufen lassen darf. Nach drei Uhr nachmittags sind dort immer mindestens zweihundert Hunde versammelt — ein wahnsinniger Anblick!« Ian lebt auch seine Liebe für den Sport aus, er schwimmt, läuft Ski und spielt Softball.

Wenn er sich entspannen will, dann geht er am liebsten ins Kino (oder leiht sich einen Film aus), arbeitet im Garten (was er fast als eine Therapie empfindet), oder er setzt sich einfach vor sein riesiges Aquarium und beobachtet die Fische.

»Es beruhigt mich, und nach einem Tag harter Arbeit gibt es nichts Besseres zum Entspannen«, sagt er.

Aber Ian schätzt nicht nur die Gesellschaft von Hunden und Fischen, sondern durchaus auch die von Menschen — er ist offen, humorvoll, warmherzig und findet sehr schnell Freunde. »Ian gibt keine Urteile über andere Leute ab«, sagt einer seiner Freunde. »Er läßt die Leute einfach so sein, wie sie sind.«

# 6

# GABRIELLE CARTERIS

**Spielt: Andrea Zuckerman**

Gabrielle Carteris wußte schon als Kind ganz genau, was sie werden wollte. Die hübsche junge Darstellerin, die wegen ihres schauspielerischen Talents immer mehr gerühmt wird, hatte in ihrer Kindheit und als Teenager nur einen Wunsch – und der hatte nicht im geringsten etwas mit Film oder Fernsehen zu tun! Bis zur High School widmete Gabrielle jeden einzelnen Tag ihres Lebens dem Tanz, ihrer wahren Leidenschaft.

»Ich wollte immer Tänzerin, ein großer Ballettstar werden«, erzählt sie. »Und schon, als ich noch ganz klein war, habe ich Ballettunterricht genommen.« Sie hatte sich sogar schon einen Künstlernamen ausgesucht: Gabriella Anna Navitsky. Sie war eine begabte junge Tänzerin, gewann Stipendien für weitere Ballettstunden, und sie trat sogar ab und zu in der Kindergruppe des San Francisco Ballet auf.

Und dann zerplatzte ihr Traum auch schon. Obwohl sie so begabt war und eine solche Hingabe für das Ballett zeigte, war sie zu klein, um Profi-Tänzerin zu werden.

Zunächst war sie völlig am Boden zerstört, doch allmählich gewann ihr Optimismus wieder die Oberhand. In dem festen Glauben daran, daß »aus jeder Enttäuschung eine neue Chance entsteht«, begann Gabrielle, sich für etwas Neues zu interessieren: für die Schauspielerei.

## Ein Herz für andere

Gabrielle wurde in Phoenix, Arizona, geboren, doch schon bald zog ihre Mutter Marlene mit ihr und ihrem Zwillingsbruder Jimmy nach San Francisco. Gabby entwickelte sich zu einem klugen und unabhängigen jungen Mädchen, das fest daran glaubte, daß es die Welt zum Besseren verändern und anderen Leuten helfen könnte.

»Meine Mutter pflegt zu sagen, daß jede neue Generation die Verantwortung hat, besser zu sein als die vorangegangene«, erklärt sie. Ihre Mutter war stets ein Vorbild für Gabrielle. Nach ihrer Scheidung mußte Marlene Carteris sich allein um ihre Zwillinge kümmern. Sie betrieb ein Geschäft für Kinderkleidung. Schließlich erweiterte sie ihr Angebot auch um Kleidung für Erwachsene, und inzwischen leitet sie eine ganze Ladenkette.

Gabrielle war genauso zielbewußt wie ihre Mutter. Sie arbeitete hart in der Schule, um gute Noten zu bekommen, und jeden Tag übte sie mehrere Stunden

**Gabrielle posiert –
sie ist eine begabte Schauspielerin.**

lang für das Ballett. Und wenn eine Freundin oder ein Freund Probleme hatte, dann war sie stets zur Stelle, um zu helfen. Sie arbeitete freiwillig an einer High School für Gehörlose mit, was sie bis heute beibehalten hat.

»In meiner Schule lernte ich ein Mädchen kennen, das taub war«, berichtet sie. »Sie wurde ständig von den anderen Kindern gehänselt, und manchmal spielten sie ihr wirklich übel mit.«

Um ihr zu zeigen, daß sie wenigstens eine Freundin hatte, begleitete Gabrielle sie nach Hause. »Ich lernte ihre Eltern, die ebenfalls gehörlos waren, kennen«, erzählt sie weiter. »Sie brachten mir die Zeichensprache bei.« Zufällig hatte sie gerade zu diesem Zeitpunkt die Biographie von Helen Keller gelesen, dadurch wurde Gabrielle ermuntert, sich noch weiter zu informieren. Als eine Schule für Gehörlose in ihrer Nachbarschaft eingerichtet wurde, bot sie sich als freiwillige Helferin an. »Später, als sie versuchten, die gehörlosen Kinder in die High School zu integrieren, habe ich den Übersetzer gespielt. Es hat mir viel gegeben.«

Gabrielle, die nie um einen Einfall verlegen war, benutzte ihre neue Fertigkeit und ihr Können als Tänzerin dazu, um Pantomime zu lernen. Sie wurde eine so gute Pantomimin, daß man sie bat, bei einer Europa-Tournee professioneller Pantomimen mitzumachen, als sie erst vierzehn war. Diese Tournee war eins der schönsten Erlebnisse ihrer Jugendzeit. »Wir bereisten die Tschechoslowakei, Italien, Frankreich, Deutschland und Österreich. Ihr gefiel die Tschechoslowakei am besten, weil sie das Gefühl hatte, daß ihre Truppe den Kindern dort das Leben ein wenig fröhlicher machte.

## Schulzeit

Einerseits hatte es Gabrielle an der Schule leicht, aber es gab auch Schwierigkeiten. »Ich lernte gern etwas Neues«, sagt sie, »auch wenn ich immer sehr hart arbeiten mußte, um meine A's zu bekommen. Aber ich habe immer gern gelesen und gelernt. Ich wurde sogar öffentlich gelobt.«

Es waren also nicht die Noten, die ihr Kummer machten — es war ihr Zwillingsbruder Jimmy, der vom Lernen nicht allzuviel hielt. »Die schlimmste Zeit in unserer Beziehung als Geschwister war unsere Schulzeit«, gibt Gabrielle zu. »Es war offensichtlich, daß alle Lehrer erwarteten, daß wir die gleichen Fähigkeiten hatten, nur weil wir Zwillinge waren. Und als sich zeigte, daß das nicht so war, schienen alle enttäuscht von uns zu sein. Immer wieder sagten die Lehrer zu Jimmy: ›Oh, wenn du Gabrielles Bruder bist, dann mußt du ja ein guter Schüler sein!‹ Es war schrecklich, vor allem, weil das gerade zu einem Zeitpunkt geschah, als wir uns besonders bemühten, getrennte Identitäten zu finden.«

Im Umgang mit den anderen hatte Gabrielle keine Probleme. An ihrer Schule gab es auch viele Cliquen, genau wie an der West Beverly High, aber sie gehörte keiner bestimmten an. »Ich hatte sehr unterschiedliche Freunde an der High School«, erzählt sie. »Sie gehörten zu verschiedensten Cliquen, denn für mich zählt nur, daß jemand nett ist.« Eine Zeitlang übertrieb sie es fast — »Ich machte ein Stadium durch, in dem ich nur noch auf Parties ging«, gibt sie zu. »Ich blieb manchmal die halbe Nacht weg, war am Wochenende nur noch mit meinen Freunden beisammen.«

Aber sie hat auch andere Zeiten erlebt. »Fast alle

meine Freunde waren älter«, berichtet sie, »und deshalb machten sie natürlich auch vor mir ihren Abschluß.« Das war eine Zeit, in der sie sich sehr einsam und verlassen vorkam. »In der Schule war es, als ob wir nur füreinander lebten und bereit wären, einer für den anderen, zu sterben, so nahe standen wir uns. Und dann, von einem Tag auf den anderen ging jeder seinen eigenen Weg. Damals stürzte meine ganze Welt zusammen. Wenn schon diese festen Bande so leicht zerreißen konnten, dann hatte auch nichts anderes Bestand.«

## Aufs College — denn niemand mag dumme Schauspieler

Noch während ihrer High-School-Zeit begann Gabrielle die Schauspielerei ernsthaft in Erwägung zu ziehen. Einige Leute rieten ihr, nach ihrem Schulabschluß nach New York zu gehen, weil sich ihr dort die meisten Möglichkeiten bieten würden.

»Aber meine Mutter wollte, daß ich am College studiere«, sagt sie. Auch wenn sie das damals nicht so recht einsehen wollte, weiß sie doch, daß ihre Mutter recht hatte. Und heute sagt sie den Schülern: »Ich glaube daran, daß für jeden eine gute Schulbildung sehr wichtig ist. Es ist ein Recht, für das viele Leute gekämpft haben. Und außerdem habe ich noch etwas anderes gelernt: Niemand findet dumme Schauspieler toll. Es ist ein Job, in dem man immer so tun muß, als wäre man jemand anders, aber wir müssen begreifen, was um uns herum in der wirklichen Welt passiert. Wir müssen uns engagieren.«

Gabrielle besuchte das Sarah Lawrence College, außerhalb von New York, und studierte dort Schauspiel. Daß sie so nahe bei der Großstadt lebte, ermöglichte ihr, eine gute Agentin zu finden und sich um ihre ersten Rollen zu bewerben. Und im Rahmen ihres Studiums verbrachte sie sogar ein Jahr an der Royal Academy of Dramatic Art in London.

## Du bist nicht hübsch genug

Nach dem Studium zog Gabrielle in ein Apartment in New York und widmete sich nun ganz der Schauspielerei. Sie bekam einige Rollen in Broadway-Aufführungen und in drei Jugendsendungen; ›What If I'm Gay?‹, ›Seasonal Differences‹ und ›Just Between Friends‹. Sie beeindruckte die Produzenten der Serie ›Another World‹ so sehr, daß man eigens für sie eine Rolle schuf, in der sie eine Ausreißerin spielt.

Alles schien ganz wunderbar zu laufen — bis Gabrielles Agentin etwas sagte, was die Wirkung einer Bombe hatte. Sie behauptete, daß Gabrielle nie eine richtige Schauspielerin werden würde, auch wenn sie recht gute Anfangserfolge gehabt hätte.

Bis heute kann Gabrielle sich noch genau an die Worte ihrer Agentin erinnern: »Du bist nicht hübsch genug«, hatte sie ihr gesagt. »Du bist nicht besonders attraktiv, und du solltest nicht damit rechnen, daß du viele Rollen bekommst.«

Eine solche vernichtende Kritik von einem anderen Menschen zu hören, kann einen schon am Boden zerstören, aber Gabrielle ließ sich nicht unterkriegen. Sie machte erst recht weiter und arbeitete um

**Gab quasselt. Für sie ist der Kontakt mit Freunden und Familie wichtig.**

so härter. »Ich bin von meinem Charakter her ziemlich stur«, sagt sie, als sie erzählt, wie sie überlebt und dann sogar Erfolg im Showbiz gehabt hat. »Ich habe mir einfach gedacht, was für einen Zorn auf sich selbst muß diese Frau haben, wenn sie so negativ ist, und ich sagte mir außerdem, daß sie gar nicht auf mich wütend sei. Deshalb gab ich nicht auf. Ich habe nicht einen Moment geglaubt, daß ich keine gute Schauspielerin werden würde. Ich war immer der festen Meinung gewesen, daß ich Talent hatte, und das ist nach meiner Meinung der wirkliche Grund für den Erfolg in unserer Branche. Gut, wenn man schön ist, mag es schneller gehen. Aber wenn man Talent hat und daran arbeitet, dann wird man es auch schaffen.« Und fröhlich fügt sie hinzu: »Und zur Zeit fühle ich mich auch zum ersten Mal in meinem Leben wirklich attraktiv!«

## Eine Chance, die man ergreifen muß

Gabrielle war nicht der Meinung, daß Los Angeles der richtige Ort für sie sei. Sie hatte sich sogar geschworen, daß sie nicht dorthin gehen würde, es sei denn, sie hätte eine feste Rolle. Aber ein Freund überzeugte sie vom Gegenteil. Und so machte Gab sich auf den Weg nach Westen, als die ›Pilot Season‹ kam (Das ist die Zeit, in der die für die Auswahl der Schauspieler zuständigen Leute sich auf die Suche nach neuen Talenten für geplante Fernsehserien machen). Und zu ihrer Überraschung wurde ihr auch gleich eine Rolle in einer anderen Serie angeboten, die sie gerne angenomnmen hätte, wenn man sie nicht angerufen und gebeten hätte, sich für eine Serie vorzustellen, die man damals noch ›Class of Bevery Hills‹ nennen sollte. Zunächst bewarb sie sich um die Rolle der Brenda. »Ich wußte, daß dieses Mädchen der eine Teil eines Zwillingspärchens ist«, erzählt sie, »und so brachte ich ein Bild von meinem richtigen Zwillingsbruder Jimmy mit.«

Doch sie bekam diese Rolle nicht, und so versuchte sie es noch einmal und bewarb sich als Andrea. »Für diese Rolle setzte ich meine Brille auf. Ich brauche wirklich eine Brille, und ich dachte, ich würde damit so aussehen, wie sie sich die Andrea vorstellten.«

Gab hatte richtig vermutet, und sie wurde ausgewählt. Wie sie darauf reagiert hat? »Ich ließ mich auf die Knie sinken und weinte vor Freude, so glücklich war ich.« Und heute ist sie sogar froh darüber, daß sie nicht die Hauptrolle als Brenda hat, denn sie ist der Meinung, daß die Andrea eine viel interessantere Rolle ist.

## ›Unsere Botschaft ist großartig!‹

Aber noch mehr als von ihrer Rolle ist Gabrielle von der ganzen Serie begeistert. »Ich glaube, daß das, was wir unseren Zuschauern mit der Serie vermitteln wollen, ganz großartig ist.«

Sie erzählt von einer Begebenheit, die sie sehr berührt hat: »Neulich ging ich in unseren Lebensmittelladen — dort treffe ich dauernd alle möglichen Leute —, und da kam ein junges Mädchen zu mir. Sie hat mich um ein Autogramm gebeten und mir dann erzählt, daß sie sich unsere Serie jeden Donnerstagabend anschaut. Und sie erzählte auch, daß nach dieser Folge, in der es um Brustkrebs ging, alle ihre Freundinnen sich sofort selbst abgetastet haben. Ist das nicht großartig?«

## Das Leben in Los Angeles

Jetzt, wo sie es sich in ihrer neuen Wohnung in San Fernando Valley ›mit zwei Schlafzimmern und zwei Balkonen‹ so richtig gemütlich eingerichtet hat, fühlt Gabrielle sich glücklicher als je zuvor in ihrem Leben. In ihrer Freizeit, von der sie zugegebenermaßen nicht viel hat, bleibt sie aktiv, indem sie Fahrrad fährt, Volleyball und Bowling spielt. »Ich gehöre zu den Leuten, die immer ›na klar‹ sagen, wenn ein Freund sie fragt, ob sie nicht mitkommen und dies und jenes machen wollen.«

Eine ihrer Lieblingsbeschäftigungen ist strammes Gehen. »Ich bin keine Läuferin, aber ich kann kilometerweit stramm gehen«, sagt sie. »Und wenn andere Leute müde werden, gehe ich immer noch weiter.« Das, genau wie tägliches Training in einem Fitneßclub, hält sie schlank und rank. Was, wie sie zugibt, für sie immer wieder aufs neue einen Kampf bedeutet.

»Denn ich esse schrecklich viel«, gesteht sie. »Ich habe immer einen ungeheuren Appetit. Ich bin nur froh, daß ich gesundes Essen mag, denn sonst würde ich wirklich fett.«

Gabrielle kocht auch sehr gern, und ihre Lieblingszeitschrift ist ›Gourmet‹. Sie schart gern

Freunde um sich. Als die Serie begann, lud sie alle Schauspieler zu sich nach Hause zu einer Kennenlern-Party ein. Und seitdem kommt sie mit ihren Kolleginnen und Kollegen hervorragend aus.

# 7

# BRIAN GREEN

### Spielt: David Silver

Wenn man die anderen Schauspieler im Team von Beverly Hills fragt, wie sie ihren Kollegen Brian Green am besten beschreiben könnten, geben sie alle die gleiche Antwort: »Er ist der tollste Tänzer, den ich je gesehen habe!« Und das stimmt auch.

Auf der Tanzfläche wirkt Brian, als wäre er ein Mensch ganz ohne Knochen, so erstaunlich sind seine Tanzfiguren und Schritte, die er sich alle selbst beigebracht hat. Aber Brian ist viel mehr als nur ein glänzender Tänzer. Er schreibt auch Songs, macht Rap, singt, beherrscht verschiedene Instrumente, spielt Schlagzeug – und ist obendrein Schauspieler.

# Reine Vererbung

Brian ist der Sohn von Joyce und George Green. Joyce, seine Mutter, hat sich von einer einfachen Hausfrau in seine Managerin verwandelt; George, sein Vater, ist Musiker. Er spielt vor allem Schlagzeug. Er hat als Studiomusiker gearbeitet und macht heute Begleitmusik für Fernsehserien. Brian hat das musikalische Talent seines Vaters geerbt. Er hat schon als Kind Schlagzeug gespielt und immer geglaubt, daß auch er eines Tages ein Musiker werden würde.

Brian wurde in San Fernando Valley nördlich von Hollywood geboren und wuchs auch dort auf, in einem großen Haus, von dem er erzählt, daß es für die Studios der Warner Brothers gebaut wurde. Wegen seiner Liebe zur Musik kam er in eine spezielle Grundschule, in der besonders die künstlerischen Neigungen gefördert werden.

In der Schule belegte Brian einen Schauspielkurs, aber er hat nie wirklich daran gedacht, später einmal ins Showgeschäft zu gehen. Seine Meinung änderte sich allerdings, als er mit zehn Jahren ausgesucht wurde, in ein paar Filmen für Schüler von der University of California mitzuwirken. »Nach drei oder vier Filmen habe ich plötzlich gedacht, hey, das macht ja richtig Spaß! Und dann ging ich nach Hause und sagte meiner Mom, daß sie mir einen Agenten suchen sollte.«

Doch Joyce Green ließ sich nicht so einfach überreden. Brian schildert es so: »›Komm schon, letzte Woche wolltest du noch Gitarrist werden, diese Woche ist es ein Schauspieler‹, sagte sie. ›Ich gebe dir sechs Monate Zeit, um darüber nachzudenken.

Wenn du dann noch immer Schauspieler werden willst, werden wir uns darum kümmern!«

Brian gab seine Pläne nicht auf. Und seine Mutter, die heute seine Managerin ist, hielt ihr Versprechen und fand einen Agenten, der nur allzu glücklich darüber war, daß Brian Austin Green einen Vertrag bei ihm unterschrieb.

## Der Junge vom ›California Clan‹

Schon ein paar Wochen nach dieser Unterschrift begann Brians Aufstieg. Er bekam eine feste Rolle in der Serie ›California Clan‹, wo er Brian Cunningham, den Sohn von Donna Mills spielte. Diese Serie half ihm in vieler Hinsicht weiter, denn Brian lernte viel von seinen hervorragenden Kollegen, alle schon Profis.

Aber nach einer Weile hatte sich seine Aufregung gelegt. Brian gesteht, daß er sich damals nicht besonders glücklich fühlte. Er war das einzige Kind, das in der Serie mitspielte, und so hatte er niemanden in seinem Alter, mit dem er sich die Zeit vertreiben konnte.

»Und ich hatte auch das Gefühl, daß ich irgend etwas verpaßte«, erzählt er weiter. »Wie zum Beispiel in anderen Filmen oder sonstwo mitzuspielen.« Denn Brian, obwohl er noch so jung war, war schon ehrgeizig und wollte andere Rollen haben.

Obwohl er an ›California‹ gebunden war, übernahm Brian Sprechrollen im Radio und Fernsehen und machte viel Werbung. Er spielte Gastrollen in einzelnen Folgen von ›Bay Watch‹, ›Highway to Heaven‹, ›Small Wonder‹ und ›The New Leave It to Beaver‹, um nur einige zu nennen. Er fand auch Zeit, in solchen Fernsehfilmen wie ›Baby M‹, ›The Canterville Ghost‹ und ›Good Morning, Miss Bliss‹ mitzuspielen.

Nach vier Jahren, die er in der Serie mitgemacht hatte, mußte Brian ›wegziehen‹ denn Donna Mills stieg aus der Serie aus. Brian war nicht traurig deswegen. So hatte er mehr Zeit für andere Dinge. Er hoffte auf weitere Chancen beim Film, und es dauerte nicht lange, bis er tatsächlich zwei Rollen erhielt. In ›Ein Amerikanischer Sommer‹ spielte er einen Surfer namens Finn. Die Arbeit hat ihm einen Riesenspaß gemacht, er lernte sogar surfen dafür, doch er war überhaupt nicht überrascht, daß der Film kein großer Kassenerfolg wurde.

Auf seine zweite Rolle setzt er größere Hoffnungen. Der Film heißt ›Kid‹, und Brian verbrachte sieben Wochen mit Dreharbeiten in Arizona. Er spielt den Louie, einen hoffnungsvollen Heavy-Metal-Gitarristen, der gezwungen ist, in einer Country-Western-Band zu spielen. Die Hauptrolle in ›Kid‹ spielt C. Thomas Howell.


## Unterricht im Studio


Die Erfahrungen, die Brian in seinem wirklichen Schulleben gemacht hat, sind gering im Vergleich zu denen, die er in der Serie an der West Beverly High macht — das liegt ganz einfach daran, daß Brian ausgesprochen selten in einem richtigen Klassenzimmer zu finden war. Wie so viele andere Schauspieler wurde auch Brian, wenn er im Studio arbei-

**Brian Green — ein Autogramm für die Jugendzeitschrift ›16‹.**

tete, dort von einem Lehrer betreut. Selbst an den drehfreien Tagen von ›California Clan‹ ging er des Unterrichts wegen in die Studios, weil er das Gefühl hatte, dabei mehr zu lernen — in einer normalen Klasse gab er immer nur ›Gastspiele‹.

Dennoch verbrachte Brian einige Zeit an der North Hollywood High. Er gibt ehrlich zu, daß er nicht gerade ein großartiger Schüler war. Seine Lieblingsfächer waren Sport, Kunst und Musik. »Ich habe in der Schul-Band mitgespielt«, erzählt er. Doch später konnte er dem Fach Englisch mehr Wertschätzung abgewinnen, denn daß er lernte, sich in Aufsätzen auszudrücken, half ihm dabei, Texte für seine Lieder zu schreiben.

Was die Beziehungen zu anderen Kindern angeht, so hatte Brian immer gute Freunde, aber er gab sich nicht damit ab, Zugang zu irgendwelchen Cliquen zu finden. Denn ganz anders als der David Silver, den er spielt, war Brian nicht im geringsten daran interessiert, was die anderen von ihm hielten.

»Ich habe mir immer gedacht«, sagt er, »wenn ihr mich mögt, okay, wenn nicht, dann ist das Pech. Ich bin jedem gegenüber erst mal freundlich gewesen — es sei denn, er hätte mich nicht respektiert.« Dennoch waren in seiner Schulzeit die meisten seiner Freunde auch aus dem Showbiz, David Faustino zum Beispiel oder Robin Thicke, der Sohn von Alan Thicke, dem Star aus ›Growing Pains‹.

# Auf nach Berverly Hills

Als er sich erst einmal einen soliden Ruf als Schauspieler geschaffen hatte, hatte Brian immer mehr Möglichkeiten, sich für die verschiedensten Projekte zu bewerben. Als er das Drehbuch von *Beverly Hills, 90210* bekam, wußte er gleich, daß es ein Glücksfall war. »Ich hatte so viele Drehbücher über Teenies gelesen, mit denen ich mich absolut nicht identifizieren konnte, und hier hatte ich endlich eins, in dem das möglich war. Deshalb bereitete ich mich besonders gut für den Vorstellungstermin vor«, erzählt er. »Ich wollte diese Rolle *wirklich* haben.« Einer seiner schärfsten Mitbewerber um die Rolle des David Silver war kein Geringerer als Doug Emerson.

»Ich kannte Doug schon ziemlich lange«, erzählt er. »Und wir kämpften immer wieder um dieselben Rollen miteinander, dennoch sind wir Freunde geworden.«

Deshalb freute er sich darüber, daß Doug schließlich die Rolle des Scott bekam.

Brian fühlt sich absolut wohl mit dieser Rolle, und er liebt auch die ganze Serie. »Meine Rolle ist wenigstens nicht so simpel, wie es sonst immer die Rollen der ›guten Jungs‹ sind, die ich früher gespielt habe. Von Anfang an habe gespürt, daß ich in dieser Rolle viel mehr zeigen könnte.«

**Für seine Rolle in dem Film *An American Summer* lernte Brian das Surfen. Jetzt nutzt er jede Gelegenheit zum Ritt auf den Wellen.**

## Der Rhythmus liegt ihm im Blut

Trotz seiner erfolgreichen Karriere als Schauspieler hat Brian doch nie seine erste Liebe, die Musik, vergessen. Er nahm Klavierstunden und Unterricht im Schlagzeugspielen, und er hat sogar seine eigene Band gegründet. Sie heißt ›Think Twice‹, und außer Brian gehören noch Robin Thicke und zwei andere Jungen dazu. Ihre Musik war eigentlich eine Mischung aus Rap und Hip-hop, Brian war der Lead Rapper.

»Wir machen unsere Songs über Dinge, die uns wichtig sind«, sagt Brian ernst. »Wir haben ein Lied geschrieben, das genauso heißt wie unsere Gruppe, nämlich ›Think Twice‹. (Etwa: Denk noch mal nach darüber. Die Red.) Es ist ein Lied über Rassismus. Im Text sagen wir, daß es immer möglich ist, Unterschiede zu überwinden, daß niemand besser ist als die anderen.«

Ein anderes Lied haben sie über Gangs gemacht, und ein Song, den sie dem großen Sammy Davis Jr. gewidmet haben, heißt einfach ›Thank you‹.

## Freizeit und Spaß

Brian hat nicht viel Freizeit, aber er ist wild entschlossen, Spaß zu haben, wenn sich die Möglichkeit bietet. »Wenn du keinen Spaß hast an dem, was du tust, dann solltest du es auch nicht machen«, ist seine Philosophie.

Wenn er mit seinen Freunden zusammen ist, dann

macht es ihm am meisten Spaß, sich neue Tanzschritte auszudenken und in Clubs zu gehen, um diese Schritte zu perfektionieren. »Es gibt eine Menge Teen-Clubs hier in L. A.«, sagt er. »Und eine meiner Lieblingsbeschäftigungen ist es, in solche Clubs zu gehen, heiße Musik zu hören und zu tanzen.« Schwimmen, Ski und Fahrrad fahren sowie Surfen stehen ebenfalls ganz oben auf seiner Liste.

Brian ist vor kurzem neunzehn geworden, aber das hat für ihn keineswegs bedeutet, daß er nun alle Familienbande zerschneiden würde. Sein Vater gibt ihm noch immer Ratschläge, was die Musik betrifft, seine Mutter managt noch immer seine Karriere, und seine ältere Schwester Laurie schneidet ihm noch immer die Haare. Und von seiner kleinen fünfjährigen Nichte, der Tochter seines älteren Bruders Keith und dessen Frau, ist Brian absolut hingerissen.

Brian, der stets gutgelaunt und hochmotiviert ist, hat keine Probleme mit seinem Ruhm und der Fan-Post, die er körbeweise bekommt.

»Ich lese alle Briefe und versuche, auch so viele wie möglich zu beantworten«, versichert er. Doch *Beverly Hills, 90210* wird mit Sicherheit nicht Brians letzte Hollywood-Adresse sein: Er will mit der Musik weitermachen und würde später gern selbst einmal Regie führen.

# 8

# TORI SPELLING

### Spielt: Donna Martin

Für die meisten Mitglieder der Crew von Beverly Hills 90210 entspricht die Serie nicht im geringsten der Art und Weise, wie sie selbst aufgewachsen sind. Sie alle *spielen* nur die Rollen von Schülern, die aus reichen Familien stammen, und sie versuchen sich vorzustellen, wie es wäre, wenn sie in einer Phantasiewelt lebten, in der Geld überhaupt keine Rolle spielt. Eine Ausnahme gibt es jedoch.

Tori Spelling braucht sich das alles nicht erst vorzustellen. Sie ist ein wirkliches Beverly Hills Kid, sie ist umgeben von Luxus aufgewachsen. Ihr Vater, Aaron Spelling, ist einer der erfolgreichsten Hollywood-Produzenten, der solche TV-Serienhits wie ›Charlies Angels‹, ›Denver‹ und ›The Love Boat‹ produziert hat. Tori wurde stets in einer Limousine zur Schule gefahren, sie wuchs in einem Haus auf, das so groß ist, daß es für jedes Stockwerk eine Telefonzentrale gibt, aber Tori behauptet von sich selbst, daß sie nicht im geringsten verwöhnt sei — und daß sie die Rolle in der Serie nicht nur deshalb bekommen hat, weil Papi der Produzent ist.

## ›Ich hatte eine ganz normale Kindheit‹

Victoria Davey Spelling wurde am 16. Mai 1973 als ältestes Kind von Aaron und Candy Spelling geboren, die in Hollywood bekannt dafür ist, daß sie sich sozial engagiert. Tori und ihr kleiner Bruder Randy wuchsen zwar nicht in Beverly Hills auf, sondern in Bel Air, aber das ist fast noch exklusiver.

Als Kind hatte sie immer die schönsten Kleider und alle Spielsachen, die ihr Herz begehrte. Im Haus gab es Dienstboten, die sich um das riesige Anwesen kümmerten, Limousinen samt Chauffeuren standen ihr zur Verfügung — und die größten Fernsehstars schauten oft einfach nur mal so rein. Doch Toris erster Berufswunsch war, Maniküre zu werden — damals war sie gerade vier.

Dennoch erklärt Tori immer wieder, daß sie eine ganz normale Kindheit hatte. Sie ist sich natürlich bewußt, daß es den meisten Menschen schwerfällt, dies zu glauben, und sie räumt ein: »Die Leute glauben immer, daß bei mir alles ganz anders gewesen sein muß, nur weil mein Dad ist, was er ist. Aber das war es wirklich nicht. Das einzige, was wirklich anders war: Mein Vater hielt sich den ganzen Tag in den Studios auf.« Und keineswegs verteidigend fügt sie hinzu: »Abgesehen davon hatte ich wirklich eine ganz normale Kindheit. Mein Vater hat sich immer gewünscht, daß ich so wie alle anderen aufwachse.«

## ›Ich war ganz schön schüchtern‹

Wenn Dad im Studio war, dann war auch die kleine Tori oft dort. Sie hat herrliche Erinnerungen daran, wie sie etwa in den Kulissen von ›Charlies Angels‹ herumgewandert ist und dann von den Stars — Farah Fawcett, Jackie Smith, Kate Jackson — hochgehoben und gedrückt wurde.

»Zuerst war ich wirklich schüchtern, wenn ich all diesen berühmten Leute gegenüberstand«, erzählt Tori, »weil ich immer dachte, mein Gott, das sind doch richtige Stars!«

Später, als ihr Vater dann ›Denver‹ produzierte, freundete Tori sich mit der berühmten Schauspielerin Linda Evans an. »Ich habe sie oft besucht und mich mit ihr unterhalten. Nach der Schule und so war ich oft in den Studios.«

Wenn man diesen Hintergrund bedenkt, ist es kein Wunder, daß Tori in der Grade School eine neue Leidenschaft entwickelte: Damals wollte sie unbedingt Schauspielerin werden. Und genausowenig überrascht es, daß sie die Möglichkeiten dazu hatte.

Allerdings zeigten Toris Eltern keine allzu große Begeisterung, als sie von Toris Wunsch hörten.

»Meine Eltern haben mich weder in die eine noch in die andere Richtung gedrängt«, sagt sie. »Sie haben mich nicht gedrängt, in einer Serie oder bei einem Film mitzuspielen, sie haben mir aber auch nie gesagt: ›Nein, das verbieten wir dir!‹«

So, wie Tori es erzählt, haben ihre Eltern wahrscheinlich angenommen, daß dieser Wunsch genauso schnell wieder verblassen würde wie ihre anderen Wünsche. Tori hatte nämlich unter anderem einmal angefangen, Unterricht im Eiskunstlaufen zu nehmen, doch genauso schnell hatte sie damit aufgehört. Sie hatte Ballettunterricht begonnen, aber auch das ging vorüber. Und, wie gesagt, Tori glaubt, daß ihre Eltern davon überzeugt waren, die Begeisterung für die Schauspielerei würde genauso schnell wieder verfliegen wie ihre Begeisterung für andere Dinge auch.

Tori bekam tatsächlich eine Rolle, aber genau wie alle anderen Kinder, die von Starruhm träumen, begann sie mit einer Rolle in einer Schulaufführung.

## Wenn Reichtum in Verlegenheit bringt

So sehr ihre Eltern sich auch bemühten, Toris Leben so normal wie möglich zu gestalten, so blieben doch immer noch etliche offensichtliche Unterschiede. »Als ich klein war, waren mir eine Menge Dinge entsetzlich peinlich«, erzählt Tori. »Mein Vater hatte eine Limousine, und ich fand es schrecklich, wenn ich damit irgendwohin gefahren wurde. Und wie oft sagten die Leute zu mir: ›Oh, ihr habt gerade ein neues Haus gekauft, und es ist so unglaublich groß und überhaupt...‹ Solche Sachen habe ich ständig zu hören bekommen in der Schule. Es fällt mir schwer, darüber zu reden. Ich habe mich in solchen Situationen immer sehr unbehaglich gefühlt.«

Und genauso gräßlich fühlte sich Tori auch, wenn

andere Kinder versuchten, sich mit ihr anzufreunden – nur aus dem einen Grund, weil sie ihren Vater kennenlernen wollten. »Als ich noch klein war, sind oft andere Kinder zu mir gekommen und haben gesagt: ›Können wir mit zu dir nach Hause kommen, damit wir deinen Dad kennenlernen?‹ Und ich habe mir immer nur gedacht: Haut doch ab. Diese Kinder wollten einfach nicht aufhören, über meinen Dad zu reden. Ich hab' mich oft gefragt, wie sieht das eigentlich mit mir aus? Ich dachte, ihr wolltet *mich* als Freundin haben?«

Tori lernte also zu akzeptieren, daß es immer Leute geben würde, die versuchen, sie nur auszunutzen. Doch solange sie wirklich gute Freunde hatte, die Tori um ihrer selbst willen mochten, konnte sie auch mit den anderen fertig werden. Sie akzeptierte schließlich die äußeren Zeichen von großem Reichtum wie Limousinen und Villen.

»Ich habe inzwischen gelernt, damit zu leben«, sagt sie. »Und nun bin ich sogar stolz darauf. Mein Vater hat hart gearbeitet für das, was er besitzt. Er hat es immer gewollt – also will ich es auch.«

Toris Beziehung zu ihrem Vater und ihrer Mutter ist immer ungewöhnlich eng gewesen. Ihre Eltern sind stets für sie dagewesen, und sie hat gelernt, sie zu verstehen. Als die Spellings merkten, daß Tori ihren Plan, Schauspielerin zu werden, immer noch nicht aufgegeben hatte, begannen sie, den Wunsch ihrer Tochter ernster zu nehmen.

»Aber sie haben auch dann nicht versucht, mich zu beeinflussen. Sie waren der Meinung, wenn ich das wirklich wollte, dann wollten sie das auch.«

## Wie vereinbart man Schule und Showbusiness?

Als Tori sich nicht mehr nur mit Schulaufführungen zufriedengab, suchten ihre Eltern einen Schauspiellehrer für sie. Sie erhielt Privatunterricht. Sie fing mit kleineren Rollen in Fernsehserien an – die meisten waren Aaron-Spelling-Produktionen.

Tori spielte in einzelnen Folgen von ›The Love Boat‹, ›T. J. Hooker‹, ›Hotel‹ und ›The Wizard‹ mit, sie hatte auch eine Rolle in dem TV-Drama ›The Three Kings‹. Ihre erste Filmrolle hatte sie neben Shelley Long in ›Troop Beverly Hills‹. Und bevor sie in *Beverly Hills 90210* anfing, spielte sie in ›Saved by the Bell‹.

Während dieser Zeit besuchte Tori eine exklusive Privatschule in San Fernando Valley. Weil sie keine feste Rolle in einer Serie hatte, ist sie auch nie in den Studios unterrichtet worden. Tori fiel es nicht ganz leicht, den Schauspielunterricht mit dem Schulunterricht zu vereinbaren, wo es Mathe, Englisch, Geschichte, Naturwissenschaften und Fremdsprachen gab. Sie gibt selbst zu, daß es schwierig war, vor allem, als sie älter wurde und die Herausforderung schwieriger.

## Turbulente Teenie-Jahre

Daß Tori selbst mehr oder weniger regelmäßig dieselbe Schule besuchte, machte es ihr möglich, die Erfahrungen zu verstehen, die sie in ihrer Rolle durchleben muß. Sie erzählt ganz offen, daß es

**Mit dreizehn war Tori noch nicht blond. Voller Stolz wird sie auf diesem Bild von ihren Eltern präsentiert – Candy und Aaron Spelling.**

selbst in ihrer Schule ganz bestimmte Cliquen gab. Und Wettbewerb untereinander. So ziemlich das einzige, worin die Schülerinnen nicht miteinander wetteiferten, war, wer die coolsten Sachen hatte, denn wie Tori berichtet: »In meiner Schule ging es sehr streng zu. Wir alle mußten Uniform tragen.« Und weil es eine reine Mädchenschule war, gab es auch keine Kämpfe um die tollsten Jungen der Schule. Wohl gab es eine benachbarte Jungenschule, deren Schüler die Mädchen zu Bällen einluden, aber sonst war Toris Schule ganz anders als die West Beverly High.

Tori behauptet, daß es ihr immer »ziemlich egal war, ob sie das beliebteste Mädchen an der Schule war oder nicht«, aber im selben Atemzug gibt sie zu, daß sie es tatsächlich war. »Es hat sich eben einfach so ergeben, da auch meine besten Freundinnen beliebt sind, aber ich glaube nicht, daß das wirklich wichtig ist.« Und diplomatisch fügt sie hinzu: »Ich mag auch andere Mädchen sehr gern, die nicht zu unserer Gruppe gehören.«

Tori jedenfalls ist der Meinung, daß das Härteste in der Schule der Druck ist — »Der Druck, cool zu sein, sich cool zu benehmen, die ›richtigen‹ Leute als Freunde zu haben, und, falls einem das wichtig ist oder die Eltern es fordern, gute Noten zu haben. Es ist schon ziemlich schwierig, ein Teenager zu sein«, folgert sie. »Und es ist die ganze Zeit über ziemlich aufregend. Man ist immer noch dabei, erwachsen zu werden. Man hat sich noch nicht zu dem Menschen entwickelt, der man einmal sein wird.«

## ›Ich habe dabei geholfen, die Besetzung für die Serie zu finden‹

Natürlich war Tori von Anfang an bei Beverly Hills dabei. Als die Idee ihrem Vater zum ersten Mal vorgestellt wurde, sagte sie ihm, daß sie ihr ausgesprochen gut gefiele. Und nachdem Aaron Spelling sich entschlossen hatte, diese Idee zu verwirklichen, bat er seine Tochter, sich schon einmal Gedanken darüber zu machen, wie man die Rollen besetzen könnte.

»Weil ich selbst jung bin und daher auch viele der jungen Schauspieler in Hollywood kenne, bittet mein Vater mich oft beim Casting um Rat.« Und den gab sie ihm auch. Sie schlug Jason Priestley für den Brandon vor und Shannen Doherty als Brenda, denn sie hatte sie in ›Heathers‹ gesehen und fand es toll, wie Shannen ihre Rolle in dem Film gespielt hatte.

Tori erzählt, daß sie selbst sich anfangs um die Rolle der Kelly bemüht hatte, eine interessante Rolle. Doch dieses eine Mal half es nicht, die Tochter des Produzenten zu sein: Man gab ihr ›nur‹ die Rolle der Donna, Kellys bester Freundin. Tori gibt zu, daß sie enttäuscht war, vor allem, weil die Donna nicht zu den ständigen Serienfiguren gehört, sondern nur ab und zu auftritt.

Doch sie fühlte sich gleich besser, als ihre Rolle ›aufgewertet‹ wurde. Und inzwischen ist sie sehr zufrieden damit, wie sich alles entwickelt hat. »Ich bin froh darüber, daß ich nicht die Kelly spiele, denn ich finde, Jennie macht das hervorragend.«

Es überrascht natürlich auch niemanden, daß Tori die Serie ganz toll findet und daß sie ganz besonders stolz darauf ist, »daß die Serie den Teenies die richtige Botschaft vermittelt«.

## Ein Haus für mehrere Millionen

Im wirklichen Leben — das Tori viel aufregender findet als ihr Fernseh-Leben — ist sie gerade erst mit ihrer Familie in ein neues Heim gezogen, das vielleicht das größte Privathaus überhaupt in Kalifornien ist. Es ist ein riesig großes Château, das nach Toris Meinung auch ein Hotel sein könnte. Als sie gefragt wurde, wie viele Zimmer es hat, mußte sie zugeben, daß sie es nicht wußte.

»Wahrscheinlich würde man Stunden damit zubringen, die Zimmer zu zählen«, sagte sie. »Es sind ungeheuer viele.«

Außer diesen vielen Zimmern gibt es dort noch ein richtiges Kino in normaler Größe (in dem Tori und ihre Freundinnen alle möglichen Filme sehen können), eine Bowling- und eine Schlittschuhbahn. Es gibt eine Art Bistro, wo man Käse essen und Wein trinken kann und das wie ein richtiges französisches Lokal eingerichtet ist, einen unglaublich großen Rosengarten, einen Wasserlilienteich, und die Büsche sind so gestutzt, daß sie an die Umrisse von Tieren erinnern.

Tori hat natürlich ihr eigenes Zimmer, und sie hat selbst mitgeholfen, es zu dekorieren. »Ich habe es ein bißchen im Country-Stil eingerichtet«, erzählt sie. »Viel mit hellem Holz und in allen möglichen Blauschattierungen.« Aber sie wurde dezent darauf hingewiesen, daß es besser wäre, wenn sie ihr neues Zimmer nicht mit ihren alten Postern und allem Möglichen vollstopfte (»Ich hebe nämlich alles auf«, gesteht sie); dafür hat sie Fotos von ihren Freunden aufgehängt und einige Stücke aus ihrer Madame-Alexander-Puppen-Sammlung aufgestellt. Für die Sammlung ihrer Mutter gibt es einen eigenen Raum.

Tori teilt sich einen ›Spielzimmer/Wohnraumbereich‹ mit ihrem Bruder, und dort stehen auch Fernseher, Videorecorder, CD-Spieler und Computer.

## Ein ganz normaler Teenager

Es ist wirklich nicht schwer, sich vorzustellen, daß Toris Leben wie ein Märchen ist, aber wenn sie darüber spricht, was sie gerne macht, dann hört sie sich fast genauso wie jede andere junge Frau an. Einkaufen ist ihre absolute Lieblingsbeschäftigung. »Ich gehe jeden Tag einkaufen«, gibt sie zu, »das heißt, manchmal bummele ich auch nur so durch die Geschäfte.« Ihre beliebtesten ›Jagdplätze‹ sind die Fred-Siegel-Boutique, die Beverly Hills Mall und das Century City Plaza.

Und sie ist auch, wie sie gesteht, »fast untrennbar mit dem Telefon verbunden«. Sie hat Nebenanschlüsse in ihrem Zimmer, im Auto, außerdem hat sie ein schnurloses Gerät.

Tori hat einige sehr enge Freunde, die sie schon ihr ganzes Leben lang kennt und mit denen sie sich auch an den Wochenenden trifft. Tori selbst glaubt, ihre beste Eigenschaft sei, immer für ihre Freunde da zu sein. Und sie alle waren auch für Tori da, als sie Geburtstag feierte. Die Party war von ihren Eltern liebevoll ausgerichtet worden und wochenlang vorher und hinterher absolutes Stadtgespräch. Sie fand im Bar One statt, einem mehr als vornehmen Club. Zweihundert Gäste waren geladen, darunter auch viele Stars (aber nicht alle) vom Beverly-Hills-Team. Toris Begleiter an diesem Abend war Luke Perry.

**Als Tori achtzehn wurde, gab sie eine Riesen-Geburtstags-Fete.**

## ›Ich lebe für meine Fan-Post‹

Vielleicht liegt es daran, daß sie schon so früh mit dem Showbusiness in Berührung gekommen ist, daß Tori überhaupt keine Probleme hat, den Ruhm zu bewältigen, den die Serie ihr gebracht hat. Sie behauptet, daß sie es toll findet, wenn sie von ihren Fans auf der Straße erkannt wird, und daß es sie überhaupt nicht stört, wenn man sie mit ›Donna‹ anredet statt mit ihrem eigenen Namen. Und außerdem liebt Tori es, daß sie soviel Fan-Post bekommt. »Das ist das Größte überhaupt«, sagt sie voller Begeisterung. Sie versucht, jeden Brief persönlich zu beantworten.

Wenn sie sich in die Öffentlichkeit begibt, sagt sie, sei sie sich stets bewußt, daß sie für andere Teenager so etwas wie ein Vorbild ist. Allerdings fällt ihr das nicht schwer — alle, die sie gut kennen, halten sie für ein wirklich vorbildliches Mädchen.

**Jason und Luke gehörten
natürlich auch zu den Gästen.**

# 9

# LIEBESGESCHICHTEN IN BEVERLY HILLS

## *vor und hinter der Kamera*

Jede Woche verliebt sich jemand, macht jemand Schluß, beginnt einer zu flirten, verknallt sich jemand, liebt einer aus der Ferne, gehen zwei ins Bett, streiten sich zwei, versöhnen sich — jede Woche gibt es kaum ein Thema, über das mehr geredet würde: Liebe.

Die beiden Hauptdarsteller, Brenda und Brandon Walsh, hatten schon höchst interessante romantische Situationen im Drehbuch. Brendas Beziehung zu Dylan hatte ihre Höhen und Tiefen über eine Staffel der Serie hinweg, und in der vorletzten Folge haben sie sich intimer miteinander eingelassen (und auf Sicherheit geachtet!). Doch als die zweite Staffel begann, hatte Brenda es sich wieder überlegt — und die Beziehung könnte kippen. Die Zuschauer jedoch wissen, daß die beiden ›füreinander bestimmt‹ sind und hoffen, daß sie wieder zusammenfinden.

Brandons Freundschaft mit Andrea Zuckermann ist eine ganz andere Geschichte. Von Anfang an hat sie für ihn geschwärmt, er jedoch brauchte eine Weile, bevor er das begriffen hatte, aber dann reagierte auch er. Und während die beiden noch miteinander flirten, hoffen die Zuschauer natürlich, daß sich eine feste Beziehung daraus entwickeln wird, aber sicherlich werden die zwei erst mal noch eine Weile Katz und Maus miteinander spielen.

Auch Brandons Freund Steve Sanders hat seinen Teil an Flirten und gebrochenem Herzen gehabt. Ganz offensichtlich ist er immer noch hinter Kelly her, einmal versuchte er es allerdings auch bei Andrea, ein anderes Mal endete es damit, daß er die unglückliche Donna zum Frühlingsball einlud. Und in einigen Folgen schien es fast so, als ob Brandon und Kelly zusammenkommen könnten, aber außer einem Flirt kam nichts dabei heraus. In einer anderen Folge verliebte Steve sich in eine Austauschschülerin, aber sie wandte sich dann von ihm ab.

Die einzigen von Beverly Hills, die nicht schon in der ersten Staffel von Amors Pfeilen getroffen wurden, sind Donna und David (wenn man einmal von seiner Schwärmerei für Kelly absieht).

## Liebe nur vor der Kamera?

Es gibt acht Schauspieler, die ständig in Beverly Hills 90210 mitspielen, und sie alle sind jung, attraktiv und unverheiratet. Sie arbeiten jeden Tag zusammen (und manchmal auch bis in die Nacht hinein), und einige von ihnen haben laut Drehbuch Beziehungen, die zu Szenen führen, in denen ganz schön viel geküßt und geschmust wird.

Wie wirkt sich das auf ihr Leben außerhalb des Studios aus? Küssen sie sich auch dann noch, wenn die Kameras nicht mehr laufen? Ist Luke Perry wirklich ganz verrückt nach Shannen Doherty? Sind Jason Priestley und Gabrielle Carteris tatsächlich ein Paar? Und was ist mit dem Rest? Kann man über wirkliche Liebesgeschichten zwischen anderen Mitgliedern der Crew berichten? Seit die Serie immer mehr an Popularität gewonnen hat, kocht die Gerüchteküche über. Und das ist auch kein Wunder.

Wenn ein Besucher in die Studios käme, in denen *Beverly Hills 90210* gedreht wird, und vor allem, wenn er an einem Montagmorgen käme, dann würde er höchstwahrscheinlich glauben, daß an diesen Gerüchten doch etwas Wahres wäre. Denn keiner im Team geniert sich, nach außen hin ganz offen zu zeigen, daß er die anderen mag.

Und vor allem, wenn sie sich am Wochenende nicht gesehen haben, begrüßen sie sich alle mit Küßchen und fallen sich um den Hals. »Dann müssen wir uns nämlich erst mal berichten, was alles passiert ist«, erklären sie. »Oft reden wir alle auf einmal, weil wir so vieles zu erzählen haben.« Derjenige, der von allen am meisten zu erzählen hat und am gefühlvollsten wirkt, ist Luke Perry, und das nicht etwa im Umgang mit seiner Bildschirmliebe Shannen Doherty, sondern mit Tori Spelling. Und immerhin *war* er Toris offizieller Begleiter bei ihrer Geburtstagsfeier.

Aber wenn man die beiden direkt darauf anspricht, dann setzen ihre Antworten jeder Spekulation ein

Ende. »Wir sind nichts weiter als gute Freunde«, versichern sie.

Und es ist auch wahr, daß Gabrielle Carteris von allen am meisten Ian Ziering mag. Ian ist warmherzig und lustig und ausgesprochen liebevoll — aber was Romantik angeht, so spielt sich nichts ab zwischen den beiden. Sie haben einen ähnlichen Hintergrund, die gleichen Wertvorstellungen, und dadurch wird ihre Freundschaft zu etwas ganz Besonderem. Aber sie sind deswegen noch lange kein Paar.

Genauso wenig sind Gabrielle Carteris und Jason Priestley ein Paar, obwohl es zwischen ihnen vor der Kamera manchmal ganz schön heiß zugeht. Sie mögen sich und respektieren sich als Freunde — was ihnen, wie Gabrielle ganz offen erklärt, bei den Kußszenen hilft. »Wie ist es denn, wenn man von Brandon geküßt wird?«

Gabrielle behauptet, daß das alle wissen wollen. »Ich bin ein glückliches Mädchen, was?« antwortet sie, doch dann, wieder ernst, fügt sie hinzu: »Jason ist schon ein toller Typ. Ich bin gern mit ihm zusammen. Er ist wirklich nett, und es macht Spaß, mit ihm zusammenzuarbeiten. Ich sehe Jason als meinen Freund, und wenn man einen Freund küßt, fühlt man sich sicher.«

Gabrielle zieht Parallelen zu anderen Kußszenen vor der Kamera: »Ich habe es schon erlebt, daß die Kerle dich wirklich begrabschen, das ist einfach gräßlich. Ich habe einmal in einer Serie mitgespielt, in der die Produzenten richtig strenge Regeln aufgestellt haben, wie man sich küssen mußte, weil es einen Typ gab, der die Situation immer ausgenutzt hat. Aber in dieser Serie sind die Jungs Gott sei Dank überhaupt nicht so. Wir kommen ins Studio, drehen unsere Szenen, und dann ist alles vorbei.«

Luke ist also weder in Shannen noch in Tori verliebt, Jason ist nicht wirklich verliebt in Gabrielle, und die wiederum ist nicht verliebt in Ian. Wer bleibt also noch übrig? Jennie Garth scheint immer dann so richtig fröhlich zu werden, wenn Ian in der Nähe ist — aber das liegt nur daran, sagt sie, daß Ian sie immer zum Lachen bringt. Und sie lacht oft und gern. Aber auch Jason bringt sie zum Lachen, genau wie Brian.

Tori verbringt viel Zeit damit, sich mit Brian zu unterhalten, aber der Grund dafür ist einfach, daß sie beide im gleichen Alter sind und vieles gemeinsam haben.

Gibt es also wirklich von keiner einzigen Lovestory hinter der Kamera zu erzählen? Am Ende der ersten Staffel war das tatsächlich noch so. Zwei aus der Crew haben sich dazu geäußert. Gabrielle ist der Überzeugung, daß durch eine engere Freundschaft zwischen zweien von ihnen das delikate Gleichgewicht von Freundschaft und Zuneigung zwischen ihnen allen gefährdet sein würde, das müßte ihrer Zusammenarbeit in der Serie schaden.

Ian Ziering jedoch meint, daß eine Liebesbeziehung nicht so tragisch wäre — vielleicht. »Wenn man jeden Tag zusammenarbeitet«, sagt er, »dann entwickeln sich unwillkürlich Freundschaften. Ich kann mir gut vorstellen, daß eines Tages aus einer solchen Freundschaft Liebe wird.« Und ganz sicherlich *sind* einige der Kids verliebt — aber wer in wen, das ist immer noch ein Geheimnis!

## Liebe im wirklichen Leben

Daß es kaum zu engeren Beziehungen zwischen den einzelnen Mitgliedern der Crew gekommen ist, liegt wahrscheinlich auch daran, daß sie fast alle eine feste Freundin oder einen festen Freund haben. Sie spielen diese Beziehungen gern herunter – vielleicht hat man sie auch darum gebeten –, aber dennoch kann man nicht leugnen, daß es diese Freundschaften gibt. Einige der acht Schauspieler haben sogar ganz offen vor der Presse über ihre Liebe gesprochen.

## JASON PRIESTLEY

Als der gutaussehende Jason Priestley vor kurzem in der Joan Rivers Show zu Gast war, wurde er ganz direkt gefragt: »Bist du ungebunden?« Natürlich hätte er darauf mit ›Ja‹ antworten können – aber er tat es nicht. Zunächst wich er einer direkten Antwort noch aus und meinte nur: »Das ist ein Thema, über das man durchaus diskutieren könnte.«

Doch als dann nachgehakt wurde, gab er zu: »Ja, ich habe eine Freundin, mit der ich schon eine ganze Weile zusammen bin. Aber verheiratet bin ich deshalb nicht. Und ich bemühe mich, mein Privatleben auch privat zu halten.«

Joan Rivers antwortete darauf, daß sie der Meinung sei, daß das kaum möglich wäre, und Jason erwiderte darauf: »Sie können es ja mal versuchen!«

Natürlich, wenn er es wirklich hätte privat halten

wollen, dann hätte er die erste Frage nur mit ›Ja‹ zu beantworten brauchen, und das wäre es dann gewesen. Doch so hat er die Tür schon einen Spaltbreit geöffnet.

Seine Freundin ist Schauspielerin und heißt Robyn Lively. Jason lernte sie 1988 bei den Aufnahmen zu ›Teen Angel Returns‹ kennen, und seitdem sind sie ein Paar.

Jason hat einmal gesagt, daß er sich nur in Frauen verliebt, die sowohl vom Wesen als auch vom Charakter her schön sind. Als Tochter des Schauspiellehrers Ernie Lively ist Robyn, genau wie Jason, schon früh mit dem Showbiz in Berührung gekommen. Sie ist sozusagen ›in the biz‹ großgeworden, denn auch ihre Mutter und ihr älterer Bruder waren ›im Geschäft‹.

Robyn hat Werbung gemacht, außerdem in solchen Filmen wie ›Teen Witch‹, ›National Lampoon's European Vacation‹ mitgespielt, und sie hatte in ›Karate Kid III‹ die weibliche Hauptrolle neben Ralph Macchio. Kürzlich erst hat man sie für den Emmy Award für ihre Mitarbeit in dem Jugendfilm ›The Less Than Perfect Daughter‹ vorgeschlagen. Robyn ist sich bewußt, welche Wirkung die langen Arbeitsstunden und der enorme Druck im Showgeschäft auf junge Leute haben.

Doch bevor *Beverly Hills 90210* gedreht wurde, hatte keiner der beiden sich je mit den Folgen des Starruhms herumzuschlagen. Jason Priestley wird inzwischen in Hollywood als ziemlich heißer Tip gehandelt. Sein ganzes Leben hat sich verändert – sehr plötzlich und sehr dramatisch. Sein Telefon will überhaupt nicht mehr aufhören zu klingeln, er wird mit Angeboten überschüttet. Wohin er auch gehen mag, überall macht man Jagd auf ihn. In England sind ein paar Mädchen sogar über die Feuerleiter geklettert, nur um in seine Nähe zu kommen, und ein Privatleben existiert schon fast nicht mehr für ihn.

Ob Jason es schaffen wird, weiterhin so bescheiden und mit beiden Beinen fest auf der Erde zu bleiben, und ob es ihm gelingt, seine Beziehung zu Robyn zu bewahren — das weiß niemand.

## SHANNEN DOHERTY

Auch im Leben der coolen, stets eher zurückhaltenden Shannen Doherty gibt es jemanden, der ihr sehr viel bedeutet. Luke Perry, ihre große Liebe in der Serie, ist es nicht, aber sie ist sehr eigen, wenn es darum geht, seinen Namen preiszugeben. Nicht umsonst ist Shannen ein Showbiz-Profi, was auch den Umgang mit der Presse und der Öffentlichkeit betrifft. Sie weiß, wie sie ihr Privatleben privat halten kann. Dennoch ist Shannen ganz offen, wenn man sie bittet zu beschreiben, welche Art Jungen beziehungsweise Männer sie besonders interessieren.

»Eigentlich ziehe ich ältere Männer vor«, sagt sie. »Ich mag Männer, die sich ihrer selbst sicher sind, die humorvoll sind und erfolgreich — mit ›erfolgreich‹ meine ich nicht unbedingt, daß sie reich sein müssen, sondern daß sie diese gewisse Ausstrahlung haben.

Ich bin sehr ehrgeizig, und ich habe es geschafft, mir eine Karriere aufzubauen. Ich war schon mit zehn Jahren erfolgreich und bin es auch jetzt noch. Deshalb ist es für mich so wichtig, daß jemand, mit dem ich mich verabrede, auch auf die eine oder andere Weise Erfolg hat.

Ich will meinen Freiraum haben, und ich liebe es, mit meinen Freunden auszugehen. Ich weiß, daß meine Freunde immer für mich da sind, wenn ich sie brauche, und deshalb bin ich nicht bereit, meine gesamte Freizeit ausschließlich mit meinem Boyfriend zu verbringen und darüber meine anderen Freunde zu vergessen. Dann wäre ich nämlich ganz schön angeschmiert, wenn wir einmal Schluß machten.

Aussehen ist schon wichtig, aber es ist dennoch nicht das Allerwichtigste in einer Beziehung. Zur Zeit gehe ich öfter mit jemandem aus, der ganz sicher nicht der bestaussehende Mann ist, den ich je getroffen habe, aber er kann sehr komisch sein und ist sehr klug. Für mich ist es wichtig, daß ich mich mit jemandem auch über etwas anderes unterhalten kann als nur über Kleidung oder wer in der Branche gerade was tut. Mit diesem Mann diskutiere ich auch über Politik und das, was in der Welt passiert.«

Shannen fährt fort, indem sie erzählt, daß viele der Schauspieler, die sie bis jetzt kennengelernt hat, nicht unbedingt ihren Erwartungen entsprechen. »Ich vermeide es nach Möglichkeit, mit einem Kollegen auszugehen, denn das ist immer ziemlich schwierig. Natürlich fände ich es schon gut, wenn ich jemanden hätte, der aus eigener Erfahrung weiß, wie es ist, wenn man zum Beispiel heiße Kußszenen drehen muß, aber ich bezweifle, ob *ich* im umgekehrten Fall genug Verständnis aufbringen könnte. Und für lange Zeit voneinander getrennt zu sein, wäre natürlich sehr hart. Wenn ich zum Beispiel drei Monate woanders verbringen müßte, weil ich einen Film drehe, dann brächte das schon Schwierigkeiten mit sich.«

# LUKE PERRY

Luke Perry ist der Liebling der gesamten Crew, egal, ob sie vor oder hinter der Kamera arbeiten. Luke wirkt wie ein Gentleman, er hat Charme, ist lustig und flirtet für sein Leben gern. Er gibt jeder Frau das Gefühl, daß sie etwas ganz Besonderes, daß sie wichtig für ihn und ganz einmalig ist. Auch wenn er von Journalistinnen interviewt wird, versprüht er seinen Charme. Dadurch unterscheidet er sich von vielen Schauspielern, aber Luke zeigt tatsächlich auch Interesse an den Menschen, die über ihn berichten — ganz klar, daß man einen solchen Typ einfach gern haben muß.

Und es ist auch überhaupt keine Überraschung, daß Luke mit vielen Frauen befreundet ist. Außer mit Tori und den anderen weiblichen Mitgliedern des Beverly-Hills-Teams ist er auch mit der Schauspielerin Soleil Moon Frye befreundet. Von ihr wissen wir, daß er sie oft ganz spontan anruft, um sich mit ihr zu verabreden.

Obwohl er in der Öffentlichkeit stets behauptet, daß er noch ungebunden sei, gibt es doch Gerüchte, daß Luke mehr als nur oberflächlich an einer Mitarbeiterin der Fox-TV interessiert ist. Aber niemand hat bis jetzt mehr darüber gesagt, als daß auch sie ihn ganz gern hätte, und zumindest das hat Luke nicht dementiert.

Immerhin hat Luke zugegeben, daß er während der harten Jahre in New York einmal bis über beide Ohren verliebt war. »Aber das Ende war tragisch — doch ist das nicht bei jeder großen Liebe so?«

Wenn Luke danach gefragt wird, welche Frauen er bevorzugt, dann gibt er stets sehr direkte Antworten. »Ich mag keine knochigen Hühner«, sagt er. »Ich stehe mehr auf die runden, kurvenreichen Typen.« Das liegt daran, meint er, daß er selbst so dünn ist und Gegensätze sich nun mal anziehen...

Dennoch betont er, daß das Aussehen nicht das allein Entscheidende für eine Beziehung ist. Persönlichkeit und Intelligenz seien weit wichtiger. Er findet Frauen toll, die weltgewandt sind, die viele Interessen haben und die sich ohne Probleme über die verschiedensten Themen unterhalten können.

Was ihn absolut abstößt, ist Oberflächlichkeit. »Ich hasse Leute, für die es im Leben keine wichtigeren Fragen gibt als die, ob sie sich lieber dieses oder jenes Paar Schuhe kaufen sollen. Hollywood ist voll von Leuten, deren größte Sorge es ist, was sie anziehen sollen. Ich ziehe mich so an, als wäre ich noch in Ohio.«

Lukes Vorstellung von einem ganz tollen Date ist, »in die Wüste zu gehen und dort ein wildes Feuerwerk zu veranstalten«.

## JENNIE GARTH

Jennie Garth ist lieblich und liebenswert, und sie liebt es, verliebt zu sein. Das Mädchen, das auf einer Farm aufwuchs, kommt aus einer Familie, in der man Liebe stets großzügig und ohne Bedingungen schenkte. Jennie ist eine unbeirrbare Optimistin, was Romantik und Liebe betrifft. Jennie, ob sie nun die Kelly darstellt oder einfach sie selbst ist, ist das beliebteste Mädchen der Crew.

Während die mindestens genauso attraktive Shannen Doherty oft als die einfühlsame ›große Schwester‹ angesehen wird, ist Jennie diejenige, die die meiste Post von männlichen Fans bekommt. ›Sie ist absolut heiß‹, das jedenfalls finden ihre Bewunderer in ganz Amerika. Und wenn es heimliche Träume von Liebe in der Crew gibt, dann spukt die blonde Jennie mit den blauen Augen ganz sicher in den meisten dieser Träume herum.

Als sie noch auf der High School war, war sie schon genauso hübsch wie heute, aber damals hatte sie keinen Freund, das erzählt jedenfalls ihre Schauspiellehrerin Jean. Das lag nicht daran, daß sie bei den Jungen nicht beliebt gewesen wäre.

»Jennie hat immer behauptet, daß sie viel zu viel zu tun hätte, um sich einen Freund leisten zu können«, erzählt Jean, »und das stimmt ja auch. Wenn sie aus der Schule kam, dann hat sie entweder Ballett unterrichtet oder Stunden bei mir genommen.« Jean erinnert sich weiter daran, daß Jennie selbst zu ihrem Schulabschlußball nicht mit einem ›Boyfriend‹, sondern mit einem guten Freund gegangen ist.

Auch heute noch lebt Jennie als Single, obwohl ihre Kollegen schon mal darüber klatschen, daß es einen ganz besonderen Mann in ihrem Leben gebe. Jennie selbst hat einmal erzählt, daß sie sich vor allem zu begabten Menschen mit einem ausgeprägten Sinn für Humor hingezogen fühlt.

Und wenn jemand Liebeskummer hat, dann gibt Jennie einen weisen Rat: »Man muß erst einmal gelernt haben, sich selbst zu mögen, bevor man Liebe für einen anderen empfinden kann. Laßt es nicht zu, daß man euch ausnutzt – da draußen in der Welt gibt es noch eine ganze Menge anderer toller Jungen! Überstürzt nichts und sucht euch genau aus, in wen ihr euch verliebt!«

# IAN ZIERING

In der Serie spielt Ian den Steve Sanders, dessen Verschleiß groß ist und der sich Mädchen gegenüber genauso benimmt wie gegenüber allen seinen ›Besitztümern‹: leicht zu kriegen und schnell wieder loszuwerden. Nach außen hin benimmt Steve sich so, als wollte er alles mitnehmen, was sich ihm bietet, aber tief in seinem Herzen will er nur ein einziges Mädchen: Kelly Taylor.

In seinem wirklichen Leben ist Ian das genaue Gegenteil. Er behandelt alle weiblichen Wesen mit Respekt, und Liebe ist für ihn noch nie ein bloßer Wettkampf gewesen. In völligem Gegensatz zu seiner Rolle, in der er jede Woche eine Neue haben könnte (wenn das Drehbuch es zuließe), ist er privat ausgesprochen monogam. Und er ist bemerkenswerterweise immer noch mit seiner High-School-Liebe zusammen.

Das einzige, was er über sie preisgibt, ist, daß sie keine Schauspielerin ist, jetzt in Kalifornien lebt und auf dem College studiert, um einmal Lehrerin zu werden.

Ein bißchen ausführlicher wird er, wenn er beschreibt, welche Eigenschaften er am meisten schätzt: »Ich mag Mädchen, die auf sich halten, die gute Manieren und eine gewisse Anmut haben, die eher bescheiden sind – was nicht notwendigerweise heißen soll, daß sie immer nachgeben! – aber das ist mir lieber als so laute und grelle Typen. Ich mag Mädchen, die warmherzig sind und an anderen Menschen interessiert, die großzügig und süß sind.«

Viele dieser Eigenschaften besitzt Ian schließlich auch. Und er mag Mädchen, die nicht protzen und die nicht unbedingt ›gesehen‹ werden müssen. Er stellt sich die perfekte Verabredung so vor, daß er und sein Mädchen einen romantischen Abend zu Hause verbringen, Popcorn machen und sich einen schönen Film anschauen.

Und wie ist die Prognose für Ians künftiges Liebesleben? Wird er auch weiterhin mit seiner Freundin zusammenbleiben, obwohl er inzwischen zu einem berühmten Fernsehstar geworden ist? Es ist kaum wahrscheinlich, daß Ian zulassen wird, daß seine Berühmtheit etwas an seinem Leben ändert — an seinen Wertvorstellungen, seinen Begriffen von Moral, an seiner Loyalität oder seinen Gefühlen für seine Freundin.

Sollte diese Liebe einmal zerbrechen, dann sicher nicht daran, daß er durch seinen Erfolg den Boden unter den Füßen verloren hätte!

## GABRIELLE CARTERIS

Obwohl ihre Rolle während der ersten Staffel der Serie vorschrieb, daß sie Brandon anschmachtet, hat Gabrielle Carteris in bezug auf Jason Priestley ganz andere Gefühle. Auch in Ian Ziering ist sie nicht verliebt — und will es auch gar nicht sein — obwohl sie ihre Zuneigung zu ihm stets ganz offen zeigt. Daß keiner der beiden eine Chance bei ihr hat, liegt daran, daß sie schon anderweitig gebunden ist. Sie ist zwar nicht verlobt und hat auch noch nicht vor zu heiraten, aber sie sieht ihre Beziehung als sehr solide und auf Dauer angelegt an. Und obwohl sie sonst gern und bereitwillig Fragen beantwortet, ist sie nicht sehr mitteilsam, wenn es um ihr Liebesleben geht. Das einzige, was sie bis jetzt erzählt hat, ist, daß ihr Freund ein Börsenmakler ist, aus New York stammt und Charlie heißt.

Sie fügt hinzu, selbst wenn sie nicht mit ihrem Freund zusammen wäre, würde sie sich wohl kaum an einen Schauspieler binden. »Ich will nicht vierundzwanzig Stunden im Showbiz sein«, sagt sie. »Und ich glaube, wenn beide Schauspieler sind, spricht man über nichts anderes als das Geschäft.« Welche Pläne haben Gabrielle und ihr Freund für die Zukunft? Sie behauptet, daß sie sich schon jetzt darauf freut, daß sie irgendwann einmal heiraten und Kinder haben wird.

## TORI SPELLING

Tori hat alles: einen Traumjob; was sie sich an materiellen Gütern wünscht, kann sie bekommen; ihre Eltern lieben sie von ganzem Herzen — außerdem ist sie der liebenswerteste Mensch, den man sich nur denken kann. Das einzige, was sie *nicht* hat, ist ein Junge, den sie liebt. Und prompt sagt sie, als sie an ihrem achtzehnten Geburtstag gefragt wurde, was sie sich am meisten wünscht: »Einen richtigen Freund!«

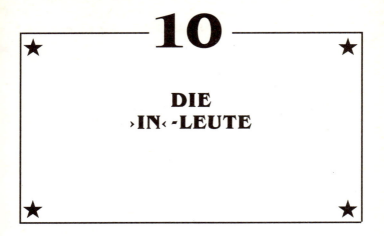

# 10

## DIE ›IN‹-LEUTE

In 90210 ist es ein Maßstab des Erfolgs, Teil einer populären Clique zu sein. Das ist wichtiger als Klamotten, Autos, Verbindungen, Geld oder Familienabstammung. Wenn du zu den Leuten gehörst, die ›in‹ sind, ist alles klar.

Obwohl Brenda und Brandon Walsh nicht aus wohlhabenden Verhältnissen stammen und völlig uncoole Autos fahren und sogar Jobs nach Schulschluß annehmen müssen, damit sie ihr Benzingeld aufbringen können, sind sie ›in‹, weil sie von Kelly und Steve (den beiden anerkannten Führern der Meute) akzeptiert sind.

Es ist leicht, die Insider von den Outsidern zu unterscheiden: Bei den Jungen sind Brandon und Steve in, David ist out, während Dylan auf einer ganz anderen Party tanzt. Bei den Mädchen sind Brenda, Kelly und Donna in, und Andrea wird es nie sein.

Komplizierter wird es, wenn man beschreiben will, wie sich die Clique aufteilt, wenn die Kameras zu surren aufhören. Hinter den Kulissen gibt es ganz andere Verbindungen. Und auch dort gibt es eine sehr eng umrissene ›In‹-Clique. Dieser Clique anzugehören, hat nichts mit Geld oder Starstatus zu tun, nicht mit Macht oder sonst etwas Materiellem. Überraschenderweise gibt die Persönlichkeit ganz allein den Ausschlag.

## Beste Freunde

## JASON PRIESTLEY

Mittelpunkt der ›In‹-Clique ist Jason Priestley. Das liegt nicht daran, daß er der Star der Serie ist. Eigentlich könnte man sagen, er ist der Mittelpunkt der Clique, *obwohl* er die größte Anziehung hat und von den Medien und den Publicity-Managern am meisten beachtet wird. Jason — oder Jay, wie ihn jeder nennt — ist einfach einer der nettesten, rücksichtsvollsten, herzlichsten Menschen am Drehort.

Ganz egal, wie sehr die anderen ihn als Star der Serie herausstellen, Jason Priestley betrachtet sich als ›Mannschaftsspieler‹ — und für ihn besteht die Mannschaft nicht nur aus seinen Schauspielerkollegen.

»Jay ist zu jedem von der Crew höflich und freundlich, zu den Kameraleuten ebenso wie zum Kantinenpersonal«, bestätigt jemand am Drehort. »Jeder weiß, daß bei einem solchen Ensemble, das so lange aneinander geschweißt ist, die Fetzen fliegen können. Es ist in erster Linie Jay zu verdanken, daß das hier nicht der Fall ist.«

Einer der Gast-Stars der Serie fügt hinzu: »Als Schauspielerkollege ist Jason angenehm. Er reißt die Szene nicht an sich, er läßt auch andere ran. Er gibt einem viel.« Jason gilt als sehr selbstkritisch und als humorvoll, zwei Eigenschaften, die ihn auch so beliebt machen.

Gabrielle Carteris ist überzeugt davon, daß er ein großes Talent ist. Brian Green sagt: »Jason ist der vollkommene Freund, den man nie gehabt hat. Er ist nie negativ, übt stets einen positiven Einfluß aus, er ist ehrlich, fürsorglich und voller Respekt.«

Ian Ziering schätzt Jays Humor und sein Timing. Und Luke Perry, nun, er sagt: »Mit Jay geh' ich Pferde stehlen.«

## LUKE PERRY

Luke ist das zweite Mitglied der ›In‹-Clique. Seine lockere, herzliche Art bringt ihn auf der inoffiziellen Popularitätsskala des Teams ganz nach oben. Luke ist nicht eingebildet, er ist offen und freundlich. Die meisten Mitglieder des Teams hat er in sein Haus eingeladen, wo sie ›my man Jerry Lee‹ kennengelernt und bewundert haben, sein Hausschwein. Einige Kollegen haben, ebenso wie Luke, den Verzehr von Schweinefleisch eingestellt, seit sie Jerry Lee kennen.

Gabrielle hält Luke für einen »sehr empfindsamen, sehr lustigen, den nettesten Burschen überhaupt. Er kommt vom Lande, aber er hat ein Gefühl für die Stadt.«

Luke und Jay treffen sich oft nach Feierabend und an den Wochenenden. Wenn sie den Dreh am Abend verlassen, gehen sie oft in eine Sportbar, spielen Billard, schauen sich ein Ballspiel an oder frönen dem Bungee-Springen.

## IAN ZIERING

Obwohl er sich Schöneres vorstellen kann, als an Samstagen von Brücken zu springen, ist Ian Ziering das dritte Mitglied dieser Clique. Ian und Luke kennen sich schon seit ihren gemeinsamen Soap-Tagen in New York, und Ian und Jason haben sich auf Anhieb gut verstanden.

Das Trio hängt oft zusammen. Ian verrät: »Dann schmieden wir Zukunftspläne. Zum Beispiel stellen wir uns vor, daß wir unser Geld zusammenlegen und irgendein gemeinsames Geschäft gründen, das so etwas wie eine Rückversicherung sein könnte, vielleicht ein Café in Kalifornien oder so.«

Häufiger allerdings sitzen die drei zusammen und reden sich die Köpfe heiß über Beverly Hills 90210. »Wir sind alle so glücklich, daß wir in der Serie mitspielen«, gibt Ian freimütig zu. »Manchmal schauen Luke und ich uns an, und wir denken beide: Mann, wir haben es geschafft! Schau uns doch an, wir kommen von den Soaps, und jetzt sind wir hier. Wir haben beide immer noch dieses Gefühl, daß ein Traum Wirklichkeit geworden ist.«

Ian und Jay haben an Geschichten für die Serie gearbeitet. Es ist ein sehr engagierter Handlungsstrang für eine noch zu drehende Episode. Sie hoffen, daß sie ihr Drehbuch in diesem Jahr noch beenden können. Die beiden sind sehr kreativ. Sie unternehmen viel gemeinsam — zuletzt besuchten sie einen Boxkampf und gerieten auf dem Rückweg in eine Meute von Fans, aus deren Mitte sie sich nur mit viel Mühe befreien konnten.

»Es ist ganz natürlich, daß wir drei uns so toll verstehen«, sagte Ian einmal. »Wir sind alle etwa gleich alt, und wir haben ähnliche Interessen.«

## GABRIELLE CARTERIS

Die ›In‹-Clique besteht nicht nur aus Männern, sie ist kein ›Boys-Only-Club‹. Es gibt zwei weibliche Mitglieder, Gabrielle Carteris und — in geringerem Maße — Jennie Garth. Gabrielle wird wegen ihrer wachen Intelligenz bewundert (einer der Besetzung hat sie ›das Hirn des ganzen Unternehmens‹ genannt), wegen ihrer Fähigkeit zuzuhören und Rat zu erteilen.

»Du weißt, daß du dich auf sie verlassen kannst, sie ist die vollkommene Freundin«, sagt ein anderes Mitglied des Teams.

Kurz bevor die Dreharbeiten begannen, war es Gabrielle, die alle in ihr Haus einlud und ein Essen für die zusammengewürfelte Mannschaft zubereitete, so daß sie sich auf einer weniger offiziellen Basis besser kennenlernen konnten.

Gabrielle steht Ian besonders nahe und weiß nicht genug Bewunderndes über ihn zu sagen. »Zwischen Ian und mir entstand fast sofort ein starkes Band«, erzählt sie. »Wir sind beide aus New York zu der Serie gestoßen, und wir sind beide Juden. Daher hat Ian mich auch an einem unserer hohen Feiertage in sein Haus eingeladen, und wir haben gemeinsam gekocht. Er ist ein wirklich guter Freund. Er ist ehrlich, geradeheraus und zum Liebhaben. Wenn ich Ian für irgend etwas brauchte, wäre er ohne Frage sofort zur Stelle.«

Die ganze ›In‹-Clique — Ian, Jay, Luke und Jennie Garth — feierte Gabrielles letzten Geburtstag — sie fuhren alle nach San Francisco, wo sie Gabrielle überraschten, die dort ihre Eltern besuchte.

## JENNIE GARTH

Es dürfte einem schwerfallen, Jennie Garth nicht zu mögen. Die ›In‹-Clique mag sie jedenfalls sehr. Das hat weniger mit ihrem Aussehen zu tun, auch nichts mit ihrem Status in der Serie oder mit anderen Äußerlichkeiten. Es ist viel einfacher. Jennie ist ein lieber, guter Mensch, sie ist offen und freundlich.

Das Team ist auch schon bei Jennie zu Hause gewesen, sie hat ihnen ein Essen zubereitet und sie mit hausgemachten Spezialitäten überrascht, zum Beispiel mit selbstgebackenen Pizzas. Sie hat jedem Kollegen ein Gastgeschenk mit auf den Weg gegeben, herrliche Puppen, die sie selbst entwirft und näht.

»Als sie mir diese Puppe gab, diese wunderschöne Puppe, konnte ich mir nicht helfen, ich mußte einfach weinen«, erinnert sich Gabrielle.

Jennie ist diejenige in der Clique, die oft anregt, daß sie sich zum gemeinsamen Ausgehen verabreden, jeweils den Partner oder die Partnerin im

Schlepptau. Das Quintett plant sogar ein gemeinsames Camping-Wochenende, falls es jemals die Zeit dazu findet.

## Andere Verbindungen

### SHANNEN DOHERTY und TORI SPELLING

Man kann sich denken, daß Tori Spelling, die ja ein paar Jahre jünger ist als die meisten anderen – und während der ersten Serie auch noch oft in der Schule war – nach Drehschluß nur selten mit Jay, Luke, Jennie, Ian und Gabrielle unterwegs ist. Tori verbringt die meiste Freizeit mit ihren Schulfreunden.

Das heißt aber bei weitem nicht, daß ihre Darstellerkollegen sie nicht mögen, ganz im Gegenteil: Es gibt niemanden, der sie nicht mag, und das nicht wegen ihrer Beziehungen zum Boß! Sie will keine Extrawurst gebraten haben. »Ich bin kein Snob«, hat sie mal gesagt, und diese Aussage würde von allen, die mit ihr zu tun haben, bestätigt werden

»Ich habe noch nie einen jungen Menschen getroffen, der so mit beiden Beinen auf der Erde steht wie Tori«, sagt Luke, »und das ist angesichts ihrer Herkunft ganz erstaunlich.«

Gabrielle sagt: »Ich mag sie so, wie sie ist.«

Brian Green: »Es ist Tori wichtig, daß sie es aus eigener Kraft schafft. Sie will auch als ganz normaler Mensch behandelt werden.«

Es fällt auf, daß Shannen Doherty nicht zu der ›In‹-Clique gehört. Ohne Zweifel ist Shannen einer der Stars der Serie, sie verbringt am Dreh genauso viel Zeit wie die anderen, vielleicht sogar noch mehr. Aber als sich die Freundschaften bildeten, so heißt es, stand Shannen abseits. Man hört ein ganzes Sortiment von Gründen, doch die meisten Kollegen führen einen diplomatischen Tanz auf, um das heiße Thema herum.

Daß Shannen sich nach Drehschluß nicht den anderen anschließt, kann auch daran liegen, daß sie einen anderen Weg gegangen ist, was ihre Karriere betrifft. Shannen ist eine unabhängige, eigenwilige Frau und zögert auch nicht, einem ihre Meinung ins Gesicht zu sagen. Manchmal wird ihr die Freimütigkeit als Rechthaberei ausgelegt.

Shannen ist seit ihrer Kindheit ›im Geschäft‹, sie kennt es von allen Seiten und hat auch die Talfahrten erleben müssen. Ihre Erfahrungen haben sie Menschen gegenüber mißtrauisch werden lasen. Es dauert lange, bis sie jemandem vertraut.

In verschiedenen Interviews hat sie gesagt: »Ich arbeite seit meinem zehnten Lebensjahr. Die finanziellen Angelegenheiten regelte ein Buchhalter, von dem ich glaubte, daß ich ihm trauen könnte. Ich dachte, mit achtzehn hätte ich dann ein hübsches Sümmchen, auf das ich zurückgreifen könnte. Aber es sollte nicht sein. Es stellte sich heraus, daß der Buchhalter keine Steuern zahlte — und ich war dafür verantwortlich. Plötzlich hatte ich keinen Cent mehr — von all den Jahren, in denen ich gearbeitet hatte.«

Verständlicherweise schwingt ein verbitterter Unterton in Shannens Stimme mit, wenn sie sagt: »Du kannst niemandem völlig trauen.«

Shannens Haltung ist nicht auf den Buchhalter

beschränkt. (»Ich habe einen neuen, den ich wirklich schätze, aber ich traue ihm nicht über den Weg«), sie sagt auch über ihren Manager: »Ich habe einen Manager, dem ich vertraue, aber ich schaue ihm genau auf die Finger. Man kann sich einem anderen Menschen nicht ganz ausliefern.«

Zwischen den beiden ersten Staffeln der Serie tourten die meisten der jungen Darsteller durch die großen Städte der USA, um für die Serie zu werben. Shannen fiel durch einen Zwischenfall in ihrem Hotel in Pittsburgh auf. Es ging das Gerücht um, daß sie ein Hotelzimmer ›ruiniert‹ hätte und sich damit auch noch brüstete.

Shannens Version des Zwischenfalls hört sich anders an. Sie erzählte sie der *Washington Post*.

Offenbar hatte eine Fangruppe vor dem Hotel herausgefunden, in welchem Zimmer Shannen wohnte. Sie wurde ständig angerufen.

Daraufhin bat sie um einen Anrufbeantworter, »aber das Hotel war nicht kooperativ. Manche Leute habe ihre Vorurteile gegenüber Schauspielern, und es sind nicht immer positive Vorurteile«, sagte Shannen dem Reporter.

»Ich rief den Manager an und bat ihn um einen Anrufbeantworter. Ich weiß, daß das möglich ist, ich hatte einen in jedem Hotel, in dem ich bisher abgestiegen bin. Und er sagte ohne Umschweife, ich sei nichts Besonderes, hätte nichts anderes zu erwarten als der Gast nebenan, und für wen ich mich denn hielte, daß ich so eine Extra-Behandlung fordere. Ich sagte: ›Ich garantiere Ihnen, daß keiner von der Fox jemals wieder in diesem Hotel absteigt.‹ Ich halte mich nicht für etwas Besonderes, aber wenn man etwas mehr Sicherheit haben möchte, dann will man sie auch bekommen.«

Und wie war das mit dem ›ruinierten‹ Hotelzimmer?

Shannen gibt zu: »Ja, wir haben das Zimmer neu dekoriert. Wir haben die Möbel umgestellt, und wir haben den Kitsch entfernt, der wirklich nicht mehr als Müll war. Ich bin fast sicher, daß sie das Zimmer so gelassen haben, wie wir es arrangierten, denn es sah wirklich gut aus.«

Daß sich Shannen von den gleichrangigen Kolleginnen und Kollegen der Serie fernhält, scheint ihr eigener Entschluß zu sein. Trotzdem soll nicht der Eindruck entstehen, daß sie am Drehort die Verstoßene sei. Einige Schauspieler sagen, daß sie sie einfach nicht gut genug kennen, um sich eine Meinung über sie zu bilden.

Shannen und Tori Spelling haben viel Verbindung miteinander, es scheint, daß sie auf ihrer beider Leidenschaft, Kleider zu kaufen, basiert. Sie fahren auch oft gemeinsam in ihren BMWs durch die Stadt (Tori hat einen champagnerfarbenen, während Shannens schwarz ist).

Trotz aller Freundschaft glänzte Shannen bei Toris großer Geburtstagsparty durch Abwesenheit – sie hätte sich einen Sonnenstich zugezogen, sagte sie später.

# Der einsame Student

## BRIAN GREEN

Wegen seines Alters, wegen seiner schulischen Verpflichtungen und, um ehrlich zu sein, auch wegen anderer Interessen war Brian Green nicht in das Leben nach Drehschluß einbezogen. Während der ersten Staffel hing er meist mit Co-Star Doug Emerson (dessen Rolle des Scott in der zweiten Produktion gestrichen wurde) zusammen. Sie saßen über den Schulaufgaben, unterhielten sich über Musik und — ein großes Feld — über Mädchen.

Obwohl er nicht zur Hauptclique gehört, wird Brian von seinen Kollegen nicht nur geschätzt, sondern wegen seiner Musikalität und seiner tänzerischen Qualitäten bewundert. Ian möchte, daß Brian ihm das Tanzen beibringt. Brian gibt bereits Toris jüngerem Bruder Randy Unterricht.

Das gesamt Team sieht in Brian Green einen talentierten jüngeren Bruder, der ohne Zweifel seinen Weg in dieser Serie gehen wird.

# 11
# EIN TAG IN IHREM LEBEN

Wer mit den Schauspielern von 90210 einen Tag verbringen will, kann sich auf viele Arbeitsstunden einstellen, auf harte Arbeit, eine Menge Spaß und meistens eine Fülle von Überraschungen.

Wenn jemand die Stadt Beverly Hills besucht und die High School oder The Peach Pit finden will, würde er sich dort vergeblich nach Spuren der Serie umsehen.

Tatsächlich wird 90210 in einem ganz anderen Postleitzahlgebiet gedreht — genau genommen sogar in mehreren Gegenden. Die Szenen rund um die High School werden an einer Schule in Orange County, etwa einhundert Kilometer südöstlich von Los Angeles, gedreht. Die meisten Einstellungen aber entstehen in Van Nuys, einer Stadt im San Fernando Valley.

Ein ganz und gar freudloser Komplex von ehemaligen Lagerhallen wurde zu der Welt umgebaut, in der Jason, Shannen, Luke, Jennie und die Kids leben. In jedem der Lagerhäuser ist eine ganz bestimmte Kulisse aufgebaut.

Wie andere Sets, an denen Fernsehserien oder Filme entstehen, ist auch dieser von einem Zaun umgeben, und längst nicht jeder gelangt durch das breite Eisentor. Die Crew und die befugten Mitarbeiter sind mit besonderen Ausweisen ausgestattet. Fans dürfen den Dreh nicht betreten.

»Wir drehen sechsundvierzig Dialogseiten jeden Tag ab«, erzählt Ian. Besetzung und Techniker haben einen langen Tag, der oft bis in die Nacht hineingeht. Bei besonders komplizierten Szenen kann es vorkommen, daß die beiden Hauptdarsteller, Jason und Shannen, die in mehr Szenen vorkommen als alle anderen Schauspieler, einen Sechzehn-Stunden-Tag durchstehen müssen.

Bevor jedoch die Dreharbeit beginnt, müssen alle Schauspieler in die Maske. Dort werden sie von erfahrenen Spezialisten so hergerichtet, daß sie den Charakteren entsprechen, die sie darstellen. Die meisten Stars kleiden sich nicht so wie ihre Rolle. Sie können mitentscheiden, was sie vor der Kamera tragen.

Zu Beginn der Serie war das nicht so, aber gegen Mitte der ersten Staffel wurden die Requisiten ausgetauscht, und seither können die Kids von 90210 auswählen, welche Sachen sie anziehen.

Am Drehort selbst hat jeder Schauspieler seinen eigenen ›Regisseurstuhl‹, aber man sieht kaum einen darin sitzen. Wer nicht vor der Kamera steht, hält sich in seiner eigenen Garderobe auf. Bei Außenaufnahmen stehen ihnen komfortable, luxuriöse Wohnwagen zur Verfügung. Dagegen sind ihre Garderoben in den ehemaligen Lagerhäusern in Van Nuys deutlich kleiner und weit weniger komfortabel. Die Garderoben liegen alle nebeneinander, weit hinter der jeweiligen Bühne.

Trotzdem bezeichnen die Schauspieler von 90210 diese engen Zimmer als ihr Zuhause. Jeder hat seine Garderobe nach dem persönlichen Geschmack eingerichtet. Brian Green gewinnt den Wettbewerb der besten Garderobendekoration: Er hat jedes Stück freie Wand mit Bildern seiner Lieblingsfilme ›tapeziert‹ (Jack Nicholson und der Film ›Psycho‹ sind oft vertreten). Außerdem hat Brian eine Lichtorgel installiert und einen CD-Spieler. Man könnte seine Garderobe durchaus mit einer Tanzbar verwechseln.

Die Wände von Shannens Garderobe sind mit einigen Bildern dekoriert, auf denen sie zu sehen ist. Einmal hatte sie mit der Hilfe eines künstlerisch begabten Besetzungsmitglieds ein Wandgemälde angefertigt.

Obwohl die Hauptdarsteller viele Stunden am Drehort sind, bedeutet das nicht, daß sie die ganze Zeit vor der Kamera stehen. Fast jeder verbringt die meiste Zeit mit Warten — warten darauf, daß endlich die Szene beginnt, in der er/sie wieder vorkommt. Jeder Schauspieler hat seine eigene Methode, diese Zeit zu nutzen oder auch nur zu überbrücken.

Jason Priestley spielt gewöhnlich mit dem Gameboy, einem Videospiel, das er in der Hand tragen kann. Zwischendurch hängt er oft am Telefon, um mit Reportern oder Managern oder sonstigen Leuten aus der Branche zu reden.

»Den Gameboy bringt er jeden Tag mit«, verrät ein Kollege, »es fällt schwer, ihn davon loszueisen.«

Ian Ziering füllt seine Wartezeit mit Schreiben. Er

hat eine großartige Idee für eine neue Episode und verbringt viel Zeit damit, sie in ein richtiges Script zu formen. Es ist eine neue Herausforderung für Ian, die er sehr ernst nimmt.

Shannen sagt: »Ich nehme Bücher mit zum Set und lese viel. ›Herr der Gezeiten‹ ist eines meiner Lieblingsbücher.« Shannen liest in ihrer Wartezeit auch Zeitschriften — darunter Harper's Bazaar und Cosmopolitan. In Cosmopolitan beschäftigt sie sich mit dem Psycho-Quiz, »der dir zum Beispiel verrät, ob du zu deinem Freund paßt«.

Gabrielle und Jennie finden ebenfalls Zeit, ihren Lesehunger zu stillen. Tori und Luke verbringen die meiste Zeit am Telefon, während Brian tanzt.

»Er denkt sich die ganze Zeit neue Tanzschritte aus«, sagt ein Mitglied der Crew. »Er dröhnt voll auf und legt los.«

Natürlich hängen die Kids auch oft in ihrer freien Zeit zusammen, dann geht es hoch her, und oft kann man aus der Ecke, in der sie gerade sitzen oder stehen, schallendes Gelächter hören, was fast immer eine Reaktion auf Jasons Witze oder Streiche ist. Auch Luke erzählt gern Witze, Ian ist der Komiker, Brian der Klassenclown. Wenn man sie so erlebt, fällt einem nur ein, daß ›Jungs eben Jungs‹ sind — genau wie in einer richtigen High School.

Am meisten Humor, da sind sich die Kolleginnen und Kollegen einig, hat Ian. »Ian Ziering ist der komischste Kerl, den ich je erlebt habe«, sagt einer der Kids. »Ich weiß nicht, wie er es schafft, aber er bringt uns immer wieder zum Lachen.«

Luke hat seinen eigenen Humor. »Luke war einmal im Osten und moderierte eine Live-Sendung im Radio«, erzählt Ian. »Da fiel ihm ein, daß es lustig wäre, mich anzurufen. Ich war natürlich in Kalifornien, wo es vier Uhr morgens war. Das Telefon klingelt, und ich melde mich verschlafen und säuerlich, und dann höre ich seine fröhliche Stimme: ›Hallo, ich bin's, Luke, wir sind live auf Sendung.‹ Mit Jason hat er das auch schon getrieben.«

Herausstechendes Merkmal von Brian: Er bringt eine Wasserpistole mit zum Dreh. Er verfehlt sein Ziel nie, und es gibt niemanden, der noch nicht sein Opfer gewesen ist. Er ist auch oft dabei, wenn Jason und Luke ›Stuntmen‹ spielen und dabei mitten in eine Szene platzen.

Es gibt keine Kantine am Drehort, dafür bringt ein Imbißwagen alle erdenklichen leckeren Sachen. Fast jeder bedient sich von diesem Wagen, eine der Ausnahmen ist Shannen, die sich Burger, Pommes frites und Sodawasser von MacDonald's bestellt.

Ganz egal, was jemand ißt — zur Mittagspause treffen sie sich alle in einer Garderobe oder in einem Bürozimmer der Produktionsleitung und schauen sich die abgedrehten Szenen des Vortages an. Dabei haben sie weniger im Sinn, gegenseitig ihre schauspielerischen Fähigkeiten zu kritisieren, als vielmehr nach jenen Einstellungen zu suchen, die einfach danebengegangen sind, was hin und wieder unvermeidlich ist.

Diese Szenen werden herausgeschnitten und aneinandergeklebt. ›Die Scherzspule‹ nennen die Kids diese Sammlung.

So wild und verrückt die Kids hinter der Kulisse sein können, so rasch verwandeln sie sich wieder in echte Profis, sobald die Kameras zu surren beginnen. Alle

Darsteller wollen ihre bestmögliche Leistung bringen, sie nehmen ihre Rollen sehr ernst.

Die Produzenten und Regisseure schätzen den Eifer der Schauspieler, die sich regelmäßig mit den Autoren treffen und Handlungsideen beisteuern.

Die Kids schlagen auch ganz spontan während einer Szene die eine oder andere Veränderung vor, um einen Satz oder ein Verhalten besonders realistisch zu gestalten. Ian und Jason sind auf diesem Gebiet die kreativsten.

Gleichgültig, wer die Idee gehabt hat und welche Spannung an diesem Tag hinter den Kulissen gelegen haben mag, wenn sie arbeiten, stehen alle Darsteller zusammen.

»Wenn man mit jemandem eine Szene spielt, ist Vertrauen der Schlüssel zum Erfolg«, sagt Brian mit einer Weisheit, die seinem Alter voraus ist. »In dieser Serie vertrauen wir uns gegenseitig, und das spürt man auf dem Bildschirm.«

# 12

# WAS IHR ÜBER DIE STARS VON 90210 NOCH NICHT WUSSTET

Obwohl die jungen Stars von 90210 allgemein der Presse gegenüber sehr offen sind, gibt es doch einige Dinge, die sie in ihren Interviews lieber meiden...

## Zum Beispiel ihr wahres Alter

Weil die Hauptdarsteller Studenten an einer High School spielen, könnte man meinen, daß sie alle noch Teenager sind. Drei von ihnen sind es auch, wenn auch in den späten Teens, aber die anderen fünf haben seit einigen Jahren diesen Lebensabschnitt hinter sich.

*JASON PRIESTLEY* lehnt es oft ab, auf die Frage eines Journalisten nach seinem Alter zu antworten. Oder er gibt Antworten, die voneinander abweichen. Im Fernsehen hat er auf eine entsprechende Frage gesagt, er würde lieber nicht sein Alter nennen, weil er ›die Illusion nicht verderben‹ möchte, daß seine Fans ihn immer noch als Teenager sehen.

In einigen Publikationen wird sein Alter mit vierundzwanzig angegeben, andere behaupten, daß er einundzwanzig sei. Im Mai 1991 hat Jason der Journalistin Susan Littwin sein Alter mit vierundzwanzig angegeben. Am 28. August hat er Geburtstag.

*LUKE PERRY* zieht es ebenfalls vor, nicht über sein Alter zu reden. »Wenn ich nicht darüber rede, kann es auch kein Thema werden«, sagt er. Im selben Atemzug sagt er, daß es schwierig geworden wäre, alle Hauptrollen mit Teenagern zu besetzen.

»Allein schon wegen der Schule und wegen der Gesetze über Kinderarbeit wäre es gar nicht möglich gewesen, diese jüngeren Kollegen so lange arbeiten zu lassen, und eine solche Serie kann mit derartigen Einschränkungen nicht leben.«

Dann bietet er eine weitere Erklärung an, warum die Verantwortlichen ältere Schauspieler für die Teenager-Rollen ausgewählt haben: »Es ist schwierig, dieses Alter darzustellen, wenn man in diesem Alter ist. Es ist die Zeit, in der das Leben am turbulentesten ist. Ich glaube, man kann einen Siebzehn- oder Achtzehnjährigen überzeugender darstellen, wenn man ein paar Jahre darüber hinaus ist.«

Und wie alt ist Luke? Unter Berufung auf eine Biographie, die geschrieben wurde, als er in Soaps mitwirkte, wurde er 1966 geboren.

*SHANNEN DOHERTY* gibt sich keine Mühe, der Frage nach ihrem Alter auszuweichen. Sie gehört schon seit so vielen Jahren zum Showbusiness, und ihr Alter ist schon so oft veröffentlicht worden, daß es nun keinen Sinn mehr hätte, es ändern zu wollen. Shannen wurde 1971 geboren.

*JENNIE GARTH* hat als einer der wenigen Teenager der Serie begonnen, 1992 wurde sie zwanzig.

*IAN ZIERING* hält sein Alter geheim. Aber da er vor ein paar Jahren das College absolviert hat und danach in Soaps mitwirkte, muß er Mitte zwanzig sein.

*GABRIELLE CARTERIS* hat ebenfalls das College absolviert und hat auch schon nach ihrem Studium gearbeitet. Anfang bis Mitte zwanzig.

*TORI SPELLING* feierte im Frühjahr 1992 ihren Geburtstag mit einem Riesenfest: Sie wurde siebzehn am 16. Mai.

*BRIAN GREEN* wurde am 15. Juli 1992 neunzehn.

## Rauchende Colts

Niemand wird widersprechen können, wenn man Rauchen günstigenfalls als unangenehme Gewohnheit bezeichnet. Und doch gibt es immer noch Menschen, die bei diesem Laster bleiben, und drei von ihnen gehören der Crew von 90210 an. Einer von ihnen verteidigt vehement sein Recht auf Rauch.

Obwohl Brandon Walsh, der cleane Typ, den er spielt, nicht einmal auf der Jungentoilette mit einem Glimmstengel erwischt werden wollte, gibt es wohl wenige Örtlichkeiten, an denen Jason Priestley nicht raucht. Er ist schon als Kettenraucher beschrieben worden, und ohne Zigarette sieht man ihn tatsächlich nur vor der Kamera.

Jason wird wohl kaum glauben, seinem Körper etwas Gutes zu tun (er hat einmal einem Reporter gestanden, daß er Reformhauskost bevorzugt, sozusagen als Ausgleich für sein Rauchen), verteidigt er entschieden sein Recht zu paffen – und nichts regt ihn so sehr auf wie Leute, die ihm sagen, er sollte mit seinem Laster aufhören.

»Ich bin ein Raucher«, gesteht Jason. »Ich hasse es, wenn jemand auf mich zukommt und sagt: ›Oh, du solltest das nicht, du bist viel zu jung zum Rauchen.‹ Darauf antworte ich: ›Erstens weißt du nicht, wie alt ich bin, und zweitens geht es dich nichts an.‹ Mir geht diese Menschenverbesserungsmasche auf den Geist, und meist sage ich zu diesen Leuten: ›He, das war kein guter Einstieg. Warum stellst du dich nicht noch einmal vor, und bevor du über mich urteilst, wartest du noch eine Weile, bis du mich besser kennengelernt hast. Vielleicht kannst du dann eines Tages sagen: ›He, du solltest nicht rauchen...«

Ohne Frage würden zwei Kollegen aus vollem Herzen zustimmen: Luke Perry und Tori Spelling sind Raucher. Aber es besteht auch kein Zweifel daran, daß einer von Jason Priestleys Co-Stars heftig widersprechen würde. Shannen Doherty raucht nicht. Mehr noch – sie hat sich lautstark an der Antiraucher-Kampagne beteiligt. Sie war einmal Botschafterin der ›Amerikanischen Lungen-Gesellschaft‹ und hat sich zur Verfügung gestellt, um in der Öffentlichkeit die Gefahren des Rauchens zu schildern. Ein Zitat dazu: »Wenn es mir gelingt, nur einen Jugendlichen vom Rauchen abzuhalten, hat sich alle Mühe gelohnt.«

Bei solchen Gegensätzen kann man sich denken, wieviel Spannung am Drehort zwischen Rauchern und Nichtrauchern herrscht.

## Weitere Heimlichkeiten

Jason hat sich bei Reportern nie wohl gefühlt. Er hatte schon lange vor seiner Bekanntheit durch 90210 das Prinzip, sein Leben und seine Meinungen für sich zu behalten. Obwohl er im Umgang mit den Medien etwas ungezwungener geworden ist, berichten Reporter und Fotografen, daß er immer noch bei Interviews und Fototerminen ›zappelig‹ sei.

Jason und Luke halten sich bei allen Interviews mit Angaben über ihr Privatleben zurück.

Luke nennt sich den ›dürren Jungen aus Ohio‹, aber gute Freunde sagen, daß er in Wirklichkeit sehr muskulös sei. ›Die Muskeln kommen vom Stapeln der Heuballen‹, scherzt Luke.

Shannen ist ein großer Madonna-Fan, nicht wegen der Musik, sondern auch wegen Madonnas Geschäftssinn.

Jennie ist verrückt nach Marilyn Monroe. Jennies Lachen wird von einem Schnauben begleitet, von dem andere sagen, daß es ansteckend wirkt.

Luke, so sagt man, sei ein wenig enttäuscht gewesen, als er nicht mit Jason, Jennie, Shannen, Ian und Gabrielle nach England fliegen konnte, wo sie eine Auszeichnung von Prinz Edward entgegennahmen.

In Bellevue im US-Staat Washington wurde Luke von Tausenden von Fans umlagert und beinahe erdrückt. Bei dem Spektakel wurden fünf Fans verletzt, und Luke verlor Teile seiner Kleidung — Jacke, Hemd und Hosentasche.

Jason macht oft Witze über seine Körpergröße, was zu Spekulationen führt, daß er darunter leidet. In seinen Unterlagen wird seine Körpergröße mit 1,68 m angegeben, aber wenn man ihn vor sich sieht, wirkt er kleiner.

Wenn er nicht vor der Kamera steht, trägt Jason eine Brille.

Shannen soll gesagt haben, daß sie Interviews von Teen-Magazinen haßt. »Ich nehme mir einfach nicht mehr die Zeit dafür«, sagte sie der Washington Post, »weil ich nicht glaube, daß sie meiner Karriere helfen.«

Die langen Drehzeiten und die harte Arbeit haben ihren Tribut gefordert: Shannen mußte dreimal eine Auszeit wegen Krankheiten nehmen — eine Erkältung, eine Bronchitis und einmal ein Sonnenstich. Jennie mußte eine Reise nach Hawaii wegen Krankheit absagen.

# 13

## ›WIR GLAUBEN DARAN!‹

Beverly Hills 90210 nimmt sich auf eine harte, dramatische und realistische Weise der Probleme des wirklichen Lebens an. Alkoholismus unter Jugendlichen und Eltern, Drogenmißbrauch, AIDS, Vergewaltigung, Selbstmord, Obdachlosigkeit, Alleinerziehende, Ladendiebstahl, Treuebruch und Brustkrebs sind nur einige der Probleme, die in der ersten Staffel angesprochen wurden. Die Serie schaffte es, die Situation zu schildern und die Konsequenzen, dann bot sie mögliche Lösungen ohne erhobenen Zeigefinger an, dafür aber in einer Art, die den Zuschauer tief bewegte.

Alle an der Serie Beteiligten sind stolz auf den Anspruch von 90210. Und jedes Mitglied der jungen Besetzung ist auch im wahren Leben so engagiert wie die Charaktere, die sie darstellen.

# JASON PRIESTLEY

## Gegen Alkohol am Steuer

Jason Priestley ist kein Teenager mehr. Er hat die High School relativ unbeschadet überstanden, aber einige seiner Freunde hatten dieses Glück nicht.

»Ich erinnere mich an zwei Freunde während meiner Zeit an der High School, die durch Alkohol am Steuer bei Verkehrsunfällen getötet wurden«, sagt er.

Er hat diese Schicksalsschläge nie vergessen. Und er hat auch nie vergessen, welchen verheerenden Einfluß der Alkohol auf andere Schulfreunde hatte.

»In der elften Klasse nahm ich an einer wilden Party teil, wo alle getrunken haben. Ein Mädchen hatte sich in der Toilette eingeschlossen. Ich konnte das Schloß knacken. Sie stand da, eine Rasierklinge in der Hand. Sie sah wirklich schrecklich aus. Sie mochte sich selbst nicht und dachte, daß auch sonst niemand sie liebte.«

Jason konnte ihr helfen. Bis heute glaubt er, daß es der Alkohol war, der ihre Depressionen so sehr verstärkte, daß sie sich umbringen wollte. »Wenn man verwirrt und unsicher ist und Dinge mit einem geschehen, die man nicht verstehen kann, dann steigern sich Trinken und die typische Unsicherheit der Jugendlichen zu einer tödlichen Verbindung.«

Jason Priestley würde sofort zugeben, daß er während seiner Schulzeit kein Heiliger war, und es war auch nicht nur sein eigener gesunder Menschenverstand, der ihn unbeschadet überleben ließ.

»Mein Vater sagte zu mir: ›Wenn du ausgehst und

etwas trinkst, ist das deine Sache. Aber steig anschließend nicht mehr ins Auto. Ruf mich lieber an, ich komme und hole dich ab. Ich werde dich nicht beschimpfen, weil ich viel zu froh darüber bin, daß du mich angerufen hast.«

Jason war klug genug, den guten Rat zu befolgen. Er erinnert sich noch an seine Antwort: »Das ist prima, danke. Und wenn du mal ausgehst und ein paar getrunken hast, ruf mich an. Ich hole dich dann ab.«

Jason hatte Glück, einen so verständnisvollen Vater zu haben. Aber das Schicksal seiner Freunde hat er nie vergessen können. Er hat sogar einen Film über dieses Thema gedreht, zusammen mit einem Freund hat er das Drehbuch geschrieben, als Schauspieler mitgewirkt und Regie geführt.

»Der Film hieß ›Ein einziger Regentropfen‹, ein Feature über zwei Freunde, die ein paar getrunken haben und auf dem Nachhauseweg auf der Straße herumalbern. Plötzlich rast ein betrunkener Autofahrer in sie hinein, und einer von ihnen wird getötet. Der Film wird in Rückblenden erzählt und beschäftigt sich dann damit, wie der überlebende Freund mit dem Erlebnis fertig wird.«

Jason weiß nicht, ob seine Fans den Film je zu sehen bekommen, aber er ist dankbar für die Gelegenheit, in der Serie 90210 für sein Anliegen zu werben.

# LUKE PERRY

## ›Erst klicken, dann starten‹

Luke Perry zögerte keinen Augenblick, als er die Chance erhielt, in einer High School über den Sicherheitsgurt im Auto zu sprechen. Er kennt die Konsequenzen des Nichtanschnallens nur zu gut. Als er die Geschichte erzählte, mußte er ein paarmal schlucken.

»Es war kurz vor den Zeugnissen. Zwei Freunde beschlossen, einen Tag zu schwänzen, weil sie sich für den Abschlußball noch ein paar Klamotten kaufen wollten. Sie fuhren mit dem Auto, beide nicht angeschnallt. Sie kamen nicht zum Abschlußball... Sie starben beide bei einem schrecklichen Unfall.

Ich habe noch nie darüber gesprochen. Ich vermisse sie... Ich wünschte, sie könnten jetzt hier sein.« Luke war den Tränen nahe.

Als er sich nach einer Weile wieder gefaßt hatte, sagte er, und dabei schaute er der Reihe nach die Kids in der Klasse an: »Ich möchte nicht, daß ihr eines Tages einen lieben Menschen vermissen müßt, und ich möchte nicht, daß eure Freunde einen von euch vermissen müssen. Also, unterstützt euch gegenseitig, macht einen Sport daraus: Erst klicken, dann starten. Es ist nicht schwer, und es dauert nur zwei Sekunden, sich anzuschnallen. Vergeßt es nicht. Ich glaube, euer Leben ist es wert.«

## SHANNEN DOHERTY

### Für Tiere und Menschen, gegen jeden Druck

Shannen hält nie mit ihrer Meinung zurück. Sie beteiligt sich an mehreren öffentlichen Aufgaben und setzt dafür Zeit und Energie und Geld ein.

Als Tierliebhaberin Shannen elf Jahre alt war, las sie davon, daß streunende Hunde und Katzen eingefangen und getötet würden. Sie war traurig und erregt. »In der Zeitung war ein Bild, das ein ganzes Rudel Hunde zeigte, kurz bevor sie getötet werden sollten. Sie sahen so traurig aus. Ich wollte ihnen helfen. Ich könnte ihnen vielleicht ein gutes Zuhause suchen, damit sie nicht sterben müßten.«

Später gründet sie ›Shando Kennels‹ (wobei Shando eine Abkürzung von Vor -und Nachnamen ist) und nahm Hunde und Katzen auf, die dem Tod geweiht waren. Sie suchte den Tieren eine neue Heimat.

»Es gibt mir Freude, wenn ich die Blicke in den Gesichtern der Menschen sehe, denen ich einen Hund oder eine Katze bringe«, sagt Shannen. »Manchmal fällt es mir schwer, ein Tier wegzugeben, weil ich mich schon daran gewöhnt habe, aber ich weiß natürlich, daß die Tiere es bei den Leuten am besten haben, die sie mögen und sich um sie kümmern.«

In ihrer Teenagerzeit fand Shannen auch Zeit als Nationale Jugendsprecherin für die Liga der Schwerhörigen und als Jugendrepräsentantin für die Amerikanische Lungen-Gesellschaft. »Ich wollte dazu beitragen, daß die Kids mit dem Rauchen aufhören«, erläuterte sie später. Sie hat auch in einem Heim für mißbrauchte und verlassene Kinder gearbeitet und unterstützt die Gesellschaft ›Hilfe für behinderte Kinder‹.

Heute ist Shannen besonders stolz darauf, in einer Serie mitzuarbeiten, die den jungen Menschen derart positive Botschaften vermittelt. Die Episoden, die in ihrer Erinnerung haften bleiben, sind diejenigen über Aids, Vergewaltigung bei einer Verabredung und Krebs.

Gerade die letzte Episode hatte für Shannen eine besondere emotionale Bedeutung, denn ihre Großmutter ist an Krebs gestorben. Für Shannen war es wichtig, daß der Film herausstellte, daß »Krebs nicht nur alte Frauen angeht, sondern auch junge Menschen befällt.«

Am stolzesten ist sie aber darauf, daß ihre Rolle Brenda gelernt hat, dem Gruppendruck zu widerstehen. Zu Beginn wollte Brenda nur akzeptiert werden und hätte alles getan, um zur Clique zu gehören. Je mehr die erste Staffel fortschritt, desto selbstsicherer wurde Brenda, sie lernte, daß es oft wichtiger war, der Gruppe ›nein‹ zu sagen, als zur Gruppe zu gehören.

»Sobald man diesen Schritt geschafft hat«, verrät Shannen, »ist alles andere leicht.«

# JENNIE GARTH

## Umwelt- und Erziehungsbelange

Ihre Rolle Kelly würde unter ›Umweltverbesserung‹ wahrscheinlich verstehen, den Swimmingpool neu zu streichen. Aber Schauspielerin Jennie Garth nimmt die Dinge viel ernster. In ihrer Biographie für die Presse gibt sie an, daß ihr Umweltprobleme am Herzen lieben. Sie möchte dazu beitragen, daß die natürlichen Ressourcen der Erde nicht vergeudet werden.

»Ich bin ein Anhänger der Bewegung ›Du kannst etwas bewirken‹«, sagt sie. »Es ist unsere Verantwortung, aus dieser Welt eine bessere zu machen. Wir sind es schließlich auch, die den ganzen Mist angerichtet haben. Nun müssen wir alle dafür sorgen, daß sich in unseren Köpfen etwas ändert.«

Jennie ist auch an einem Erziehungsprogramm für bedürftige Jugendliche beteiligt. Erstes Ziel des Programms: Die Jugendlichen so lange wie möglich in der Schule zu halten.

# IAN ZIERING

## Seniorenhilfe

Ian Ziering ist jung, gesund – und voller Umsicht. Obwohl seine Rolle Steve kaum über seinen Porsche hinausblickt, sieht Ian sehr wohl die Probleme um sich herum. Er hat sich besonders für die Belange der älteren Menschen eingesetzt.

»Eine Großmutter von mir wohnt in einem Pflegeheim. Jeder Besuch bei ihr stimmt mich traurig. Natürlich ist sie da, wo sie ist, in guten Händen, und wir können uns glücklich schätzen, daß sie von erfahrenen Helfern gepflegt wird, aber ich weiß, daß das für viele andere nicht zutrifft. Es ist sehr zu bedauern, daß wir keinen Weg kennen, auf dem ältere Menschen in Würde alt werden können.«

»Meine Mutter sagt, falls sie jemals das Stadium erreicht, in dem wir sie nicht mehr pflegen können, sollten wir sie in ein Pflegeheim geben. Ich sagte: ›Nein, Ma, schlag dir das aus dem Kopf. Was für ein schrecklicher Gedanke.‹ Ich meine, wer will schon in ein Pflegeheim? Wir müßten den Standard der Pflege durch gezielte Unterstützung erhöhen.«

Beverly Hills 90210 hat sich des Themas noch nicht angenommen – noch nicht. Denn Ian selbst hat, unterstützt von Jason Priestley, ein Script geschrieben, in dem das Leben der älteren Menschen eine zentrale Rolle spielt. Ian hat schon mit den Produzenten gesprochen, die ihn ermutigen.

# GABRIELLE CARTERIS

## Kampf gegen Aids und Trunkenheit am Steuer

Genau wie ihre Rolle Andrea ist auch Gabrielle eine Kämpferin für soziale Reformen. Sie hat sich für Aufgaben engagiert, die ihr am Herzen liegen. Aids ist eine davon.

»Ich bin in der Aktion Kampf dem Aids sehr engagiert, das habe ich schon vor Jahren begonnen. Ich war auch beim Aids Walk dabei, als Hunderttausende nach Washington gezogen sind, um darauf aufmerksam zu machen, wie wichtig die Aids-Hilfe ist. Ich habe auch Geld gespendet, und in letzter Zeit habe ich damit begonnen, vor Gruppen über Aids zu berichten. Man muß wirklich den Eindruck haben, daß so viele Menschen nichts oder kaum etwas darüber wissen.«

Eine andere Gruppe, die Gabrielle unterstützt, ist Mothers Against Drunk Driving (MADD), also der Verein der Mütter gegen Trunkenheit am Steuer. Eine schmerzvolle persönliche Erfahrung hat Gabrielle für dieses Anliegen sensibilisiert.

»Ich unterstütze ihre Aufklärungsarbeiten und gebe ihnen Geld. Das begann, als jemand, dem ich sehr nahe stand, von einem Betrunkenen am Steuer getötet wurde. Es war eine Katastrophe für mich. Monatelang stand ich unter Schock.

Das Opfer war kein Teenager, sondern eine Erwachsene, die mir viel bedeutete, sie war wie eine Mutter zu mir. Ich erinnere mich noch gut, wie ich den Anruf erhielt, daß sie getötet worden war — aus heiterem Himmel. Ich wollte sie in der nächsten Woche besuchen.«

»Je mehr ich über die Umstände erfuhr, desto wütender wurde ich. Der Kerl, der sie getötet hat, war an demselben Tag in einen anderen Unfall verwickelt gewesen. Er war betrunken. Er war von Bar zu Bar gegangen. Auch er starb bei diesem Zusammenstoß.«

Gabrielle weiter: »Sie stand gerade an der Schwelle zu einem neuen Leben. Sie war geschieden und wollte bald wieder heiraten. Ihr Verlobter saß auch in dem Auto. Er war eingeklemmt, sie mußten ihn mit Schneidbrennern befreien. Er hat elf Operationen über sich ergehen lassen müssen. Jetzt kann er wieder gehen. Aber sie ist tot.«

Jetzt sieht Gabrielle ihre Freunde, die Alkohol trinken, mit anderen Augen an. »Ich gehe nicht mehr auf so viele Parties wie früher. Wenn ich Freunde sehe, die trinken und sich noch für fahrtüchtig halten, vergeht mir die Lust auf Party und Alkohol. Denn was diese Leute eigentlich sagen, heißt: ›He, um mich mache ich mir keine Sorgen, und die anderen da draußen gehen mich nichts an.‹«

# BRIAN GREEN

# Radfahren gegen Drogen

Gleichaltrige Jugendliche davon zu überzeugen, die Finger von Drogen zu lassen, ist eine Kampagne, die der junge Brian Green schon seit längerem unterstützt. »Seit zwei Jahren gehöre ich einer Prominenten-Radmannschaft an. Dabei sind auch noch Jeremy Miller, Jenny Lewis, Andre Gower, David Faustino und einige andere. Wir fahren durch die Gegend und reden mit den Kids über Drogen. Wir versuchen, ihnen die Idee nahezubringen, daß sie auch mit Dingen, die sie genießen, ›high‹ werden können. Zum Beispiel mit Radfahren. Wir sprechen über einige dieser Konzepte, ob nun Skateboardfahren, jede Sportart oder auch das Sammeln irgendwelcher Sachen. Und wir sagen ihnen, daß Drogen doof sind, daß sie deine Probleme nicht lösen, sondern erst neue schaffen.«

Der vielbeschäftigte Brian hat seinen langjährigen Prominentenstatus auch dazu benutzt, Spenden für vermißte oder mißbrauchte Kinder aufzutreiben. Er war Jugendsprecher für das Adam Walsh Child Resource Center, das sich um vermißte Kinder kümmert und sich der Kinder annimmt, die von den Eltern verlassen oder vernachlässigt werden. Sie wollen nicht nur das Geld der Leute, sondern auch ihr Bewußtsein für die Problematik schärfen.

»Wenn die Leute mehr wissen, helfen sie auch mehr«, sagt Brian überzeugt.

# 14

# DIE DATENBANK DER STARS VON 90210

## JASON

Richtiger Name: Jason Priestley
Spitzname: Jay
Geboren und aufgewachsen in: Vancouver, British Columbia, Kanada
Geburtstag: 28. August
Mutter: Sharon Kirk, frühere Tänzerin und Choreographin, die heute Grundstücke und Häuser verkauft
Vater: Repräsentant für eine Möbel- und Textilfirma. Vater und Mutter leben heute noch in Vancouver.
Geschwister: Justine, die achtzehn Monate älter ist als Jason und in London als Kellnerin arbeitet, wenn sie nicht gerade durch die Welt reist.

Merkmale: Hellbraunes Haar, sehr blaue Augen, 1,68 m, 64 Kilo
Schule: High-School-Abschluß. Jason hatte nie vor, ein College zu besuchen
Wohnort: Brandneue Eigentumswohnung in Los Angeles
Auto: Jeden Monat ein anderes Modell. Autos sind seine Leidenschaft
Motorrad: Yamaha
Favoriten:
  Fernsehen: Twin Peaks
  Film: Uhrwerk Orange
  Gruppe: Fine Young Cannibals
  Ort: Strand
  Essen: Burgers
  Kleider: Jeans, T-Shirt, Westen, Stiefel
  Sport: Hockey, Bungee Jumping, Segeln, Basketball, Golf
  Farbe: Blau.
Er sammelt: Film- und Musik-Videos
Nach Feierabend: Tanzen, Sportereignisse im Fernsehen, Pool-Billard, Zuschauer bei einem Boxkampf
Wunschvorstellung: Ein Jahr frei und durch die Welt reisen
Beste Eigenschaften: Loyalität, Bescheidenheit und ein mildsarkastischer Humor
Schlechteste Eigenschaft: Rauchen
Was gefällt dir an deinem Beruf? »Der Spaß und die Freiheit, verschiedene aufregende Rollen zu spielen.«
Was gefällt dir nicht an deinem Beruf? »Der Verlust an Privatleben.«
Zitat: »Ich habe viele Werte. Ab und zu werfe ich sie aus dem Fenster, aber sie sind immer noch da.«
Zukunft: Regie führen, aber Jason findet: »Du mußt

zuerst eine Kunst beherrschen, bevor du mit der zweiten beginnst.«
Rat an angehende Schauspieler: »Nehmt Schauspielunterricht. Seid so gut ihr könnt und lernt und lernt. Und lauft euren Träumen nach. Nie aufgeben.«

# LUKE

Richtiger Name: Luke Perry
Geburtstag: 11. Oktober
Geboren in: Mansfield, Ohio
Eltern: Leben und arbeiten auf der Farm in Fredericktown; Luke lehnt es ab, viel über sie zu erzählen
Geschwister: Tom ist älter als Luke, seine Schwestern Amy und Emily sind jünger
Merkmale: Hellbraunes Haar, braune Augen, 1,70 groß, 64 Kilo
Erster Ehrgeiz: Filmstar zu sein
Zweiter Ehrgeiz: Schauspieler zu sein, »als ich herausgefunden hatte, worin der Unterschied liegt«
Schule: Fredericktown High School
Wohnort: Zusammen mit einem Kollegen bewohnt er ein Haus in Hollywood
Lieblingstier: das inzwischen berühmt gewordene Schwein ›Jerry Lee‹, das sich in Lukes Hof tummelt
Auto: ein brandneuer Pick-up
Favoriten:
   Fernsehen: Starsky & Hutch, S.W.A.T.
   Filme: Cool Hand Luke, The Pope of Greenwich Village
   Musik: Klassik, besonders Klavier
   Sänger: Jerry Lee Lewis, Harry Connick Jr., Billy Joel, B. B. King
   Bücher: Biographien und Autobiographien
   Kleidung: »Alles, was sauber ist«
   Ort: Ohio
   Sport: Stock Car Rennen, alle Wassersportarten, Angeln, Basketball, Motocross, Fechten, Turnen
   Essen: Bagels und Weißfisch
   Hobbies: Schreinern, Kochen und Fliegen in einer

Privatmaschine seines Freundes
Persönlichkeitsmerkmal: Luke sagt, was er denkt, aber es ist ihm wichtig, was andere von ihm halten
Eigenschaft, die er an anderen am meisten schätzt: Intelligenz. »Ich selbst bin kein Intellektueller, bewundere aber intellektuelle Menschen«
Anliegen: »Ich unterstütze Greenpeace und glaube daran, daß jeder aktiv mitarbeiten kann, unsere Umwelt zu erhalten«
Berühmtheit: »Ich finde mich nicht leicht mit der ganzen Publicity ab, aber ich versuche es. Ich will besser damit zurechtkommen«
Zukunftsziele: Er möchte noch mehr in seinem Fach als Schauspieler dazulernen und später selbst Filme machen

# SHANNEN

Richtiger Name: Shannen Maria Doherty
Spitznamen: Shannendoah (sagt Jason), Shando (sagt Luke), ›BF‹ (soll Bester Freund heißen, und so nennt sie... ihr bester Freund)
Geburtstag: 12. April 1971
Geboren in: Memphis, Tennessee
Aufgewachsen in: Los Angeles
Merkmale: Blaubraune Augen, braunes Haar, 1,57 m, 46 Kilo
Eltern: Mutter Rosa führt einen Schönheitssalon, Vater Tom arbeitet als Investment-Berater
Bruder: Sean studiert Jura und will in die Politik
Lieblingstiere: Drei Hunde (die bei ihren Eltern leben) Mit Namen Silly Sally, Precious Penelope und Crazy Clancy Muldoon, sowie drei weiße Tauben, die bei ihr leben und Palamino, Pissaro und Julio heißen
Wohnort: In einer Eigentumswohnanlage in Los Angeles
Schule: Shannen hat mit Auszeichnung das Lycée Français abgeschlossen, eine angesehene Privatschule. Sie überlegt, an der Universität von Kalifornien, in Berkeley, einen Fernkurs zu belegen
Auto: Ein schwarzes BMW Cabrio
Favoriten:
  Farbe: Schwarz
  Sänger: Frank Sinatra
  Gruppe: U 2
  TV-Serien: California Clan, thirtysomething
  Bücher: Jenseits von Eden von John Steinbeck, Die Herren der Insel von Pat Conroy (verfilmt als ›Herr der Gezeiten‹)
  Zeitschriften: Harper's Bazaar, Cosmopolitan

Sport: Tennis, Skilaufen, Reiten, die L. A Kings anfeuern
Was gefällt dir an der Schauspielerei am besten?
»Daß ich jeden Tag zur Arbeit gehen und mit Menschen zusammen sein kann, die ich mag«
Und was gefällt dir am wenigsten an deiner Arbeit?
»Wenn die Serie, an der du gerade arbeitest, abgesetzt wird. Dann hast du ein Gefühl, als ob deine Familie auseinanderbricht«
Auszeichnungen und Zitate: Shannen wurde von ›Faces International‹ zum ›Gesicht der Achtziger‹ gewählt, vom Teen Magazine wurde sie zum ›Herausragenden Teenager des Jahres 1988‹ ernannt. ›TV Guide‹ nannte sie eine ›feine dramatische Schauspielerin‹
Was machst du, um schlank zu bleiben? Tanzen und Gymnastik
Wie entspannst du dich? Malen und Ausgehen mit Freunden
Persönlichkeitsmerkmal: Maximales Selbstbewußtsein, keine Angst, ihre Meinung zu sagen
Zitat: »Du kannst dir nicht den Kopf darüber zerbrechen, was andere Leute von dir denken«
Zukunftsziel: In einem qualitativ guten Kinofilm mitzuspielen

# JENNIE

Richtiger Name: Jennifer Garth
Spitzname: Ian nennt sie Jenisa
Alter: Zwanzig
Geboren in: Champaign, Illinois
Aufgewachsen in: Champaign und Phoenix, Arizona
Eltern: Mutter Carolyn ist Lehrerin, Vater John ist pensionierter Verwaltungschef einer Schule. Die Eltern wohnen in Arizona
Geschwister: Drei ältere Brüder, drei ältere Schwestern. Sie ist das Baby der Familie
Merkmale: Blonde Haare, blaue Augen, 1,62 m groß, 51 Kilo
Schule: Jennie besuchte in Phoenix die Greenway und die Apollo High School, mit sechzehn bereits Abschluß mit Diplom
Erstes Ziel: Tanzlehrerin mit eigenem Studio
Zweites Ziel: Schauspielerin
Wohnort: Sie wohnt in einem Haus, das sie erst kürzlich im San Fernando Valley gekauft hat
Lieblingstier: Jennie hat einen Hund
Lieblingskleidung: Jeans, Sweatshirts, Stiefel, T-Shirts, Shorts, Tennisschuhe
Hobby: Sie stellt handgenähte Puppen her und verschenkt sie an Freunde
Freizeit: Sie liest und kocht für ihre Freunde
Zitat: »Liebe ist nie eine leichte Sache. Zuerst mußt du dir selbst ein guter Freund sein«
Traum: Eine eigene Farm zu haben
Zukunftsziel: »Ich möchte, daß es mit meiner Karriere weiter aufwärts geht, ich möchte mich mehr im Wohltätigkeitsbereich einsetzen, ich möchte ein Pferd haben und irgendwann heiraten«

# GABRIELLE

Richtiger Name: Gabrielle Anne Carteris (der Familienname ist griechisch)
Geburtstag: 2. Januar
Geboren in: Phoenix, Arizona
Aufgewachsen in: Marin County bei San Francisco
Eltern: Mutter Marlene, ihr gehört eine Ladenkette für ausgeflippte Kleider in San Francisco, Vater Ernest arbeitet als Chefkoch in New York. Die Eltern sind geschieden
Bruder: Jim ist Gabrielles Zwillingsbruder. Er führt Moms Geschäfte
Merkmale: Hellbraune Haare, haselnußfarbene Augen, 1,53 m, 48 Kilo. Ja, sie trägt eine Brille
Erstes Ziel: Primaballerina
Zweites Ziel: Eine gute Schauspielerin zu werden
Schule: Abschluß des Sarah Lawrence College
Wohnort: Sie lebt in einem Apartment im San Fernando Valley. Die Wohnung hat zwei Schlafzimmer, ein rundes Fenster in der Küche und zwei Balkone
Lieblingstier: Lucy MacGillacuttie ist ihr rotköpfiger Vogel
Auto: Ein silbergrauer Honda Accord
Favoriten:
   Schauspielerin: Meryl Streep, Katherine Hepburn
   Schauspieler: Robert Duvall, Spencer Tracy
   Musik: Klassik, Jazz
   Sänger: Billy Joel, Elton John
   TV-Serien: Designing Women, Golden Girls
   Farben: Pink, purpur, grün
   Bücher: The Handmaid's Tale von Margaret Atwood
   Zeitschriften: Gourmet

Kleider: Gabrielle ist sehr kritisch und kreativ, was ihre Kleider betrifft. Sie trägt viel Schwarz
Hobby: Exquisit kochen
Freizeit: Bowling (sie verweist stolz auf ihren Durchschnitt von 130), Skilaufen, kräftiges Gehen
Was machst du, um schlank zu bleiben? Tägliche Übungen
Größte Freude: Als sie die Rolle der Andrea Zuckerman in 90210 erhielt
Größte Überraschung: Als einige ihrer besten Szenen (auch noch mit Jason!) im Papierkorb landeten
Zitat: »Angst ist der schleichende Tod. Mir sind immer dann die besten Dinge im Leben widerfahren, wenn ich ein Risiko eingegangen bin«
Zukunftsziel: Glücklich zu sein, in der Karriere und in ihrem Privatleben

# IAN

Richtiger Name: Ian Andrew Ziering
Spitzname: Z-man
Geburtstag: 30. März
Geboren in: Newark, New Jersey
Aufgewachsen in: Essex County, New Jersey
Merkmale: krauses blondes Haar, blaue Augen, 1,80 m, 80 Kilo
Eltern: Mutter Mickie, war früher Managerin beim Theater, Vater Paul, ein pensionierter Lehrer
Brüder: Jeff (er ist im Anzeigengeschäft), Barry (ein Psychologe). Beide sind älter und haben schon eigene Familien
Schule: Ian hat einen Abschluß als Bachelor of Arts am William Patterson College in New Jersey
Wohnort: Er hat ein karg eingerichtetes Apartment im San Fernando Valley und ein Stadthaus in New Jersey
Auto: Acura Integra
Lieblingstier: Coty, eine Mischung aus Schäferhund und Collie, zwei Jahre alt. Ian nennt ihn ›die Bestie aus der Hölle‹
Andere Talente: Er singt, tanzt und beginnt eine professionelle Laufbahn als Autor
Favoriten:
  Schauspieler: John Malkovich, Dustin Hoffman
  Schauspielerin: Meryl Streep
  TV-Serien: The Simpsons, 90210 (!) und L.A. Law
  Filme: Awakenings, Der mit dem Wolf tanzt, Thelma und Louise
  Farben: Rot, blau, schwarz
  Essen: Mexikanisch, Burgers
  Bücher: The Stand von Stephen King, Aus Mangel an Beweisen von Scott Turow

Hobbies: Salzwasserfischen, Videospiele
Sport: Schwimmen, Tauchen, Skilaufen, Fußball, Baseball, Reiten
Lieblingsort: In Mutters Küche
Was machst du, um deine Figur zu halten? Regelmäßige Übungen
Was machst du zum Entspannen? Gartenarbeit
Persönlichkeitsmerkmale: Offen, selbstsicher, humorvoll, optimistisch
Zitat: »Ich habe bisher immer meinen eigenen Instinkten vertraut, und das hat geklappt«
Zukunftsziele: Er will fürs Fernsehen, für die Bühne und für den Film arbeiten. Er möchte Autor werden

# BRIAN

Richtiger Name: Brian Austin Green
Geburtstag: 15. Juli 1973
Geboren und aufgewachsen in: Van Nuys, Kalifornien
Merkmale: Hellbraune Haare, blaue Augen, 1,79 m, 65 Kilo
Eltern: Mutter Joyce ist Brians Managerin, Vater George ist Drummer
Geschwister: Keith ist Brians älterer Halbbruder, Laurie ist Brians ältere Halbschwester, sie ist Friseuse
Lieblingstier: Tiko heißt sein Mini-Shihtsu
Auto: Ein schwarzer Ford Bronco
Schule: Abschluß an der North Hollywood High
Andere Talente: Brian ist ein hervorragender Tänzer und Drummer
Favoriten:
  Sänger: Bobby Brown
  Gruppe: Bell Biv Devoe
  Schauspieler: Sean Connery, Michael J. Fox
  TV-Serien: The Simpsons, Married... with Children, In Living Color
  Farben: Blau, schwarz
  Essen: Italienisch, mexikanisch
  Ort: Hawaii
  Sport: Basketball Surfing, Schwimmen
  Bücher: Catch 22, Fahrenheit 451 und alles von Stephen King
Was gefällt dir an der Schauspielerei am besten? »Daß ich andere Leute sein kann als Brian Green – es macht Spaß, ein gänzlich anderes Leben zu führen«
Was gefällt dir nicht an der Schauspielerei? »Die verrückten Arbeitszeiten. Manchmal muß ich morgens

um sechs am Dreh sein, am anderen Tag um zwei Uhr nachmittags«
Persönlichkeitsmerkmal: Er liebt jeden Spaß, hat Ehrgeiz und Humor
Beste Eigenschaft: »Ich kann über mich selbst lachen«
Schlechteste Eigenschaft: »Nägel kauen«
Zitat: »Ich bin verrückt nach Mädchen!«
Zukunftsziel: Ein großer Name in der Musikszene zu werden

# **TORI**

Richtiger Name: Victoria Davey Spelling
Geburtstag: 16. Mai 1973
Geboren in: Los Angeles
Aufgewachsen in: Bel Air
Merkmale: Blonde Haare, braune Augen, 1,61 m, 50 Kilo
Eltern: Mutter Candy, Vater Aaron
Bruder: Randy ist vierzehn und möchte in Vaters Geschäft einsteigen
Lieblingstiere: Vier Hunde: Tiffany, Shelly, Muffin, Pepper
Auto: Ein champagnerfarbener BMW
Wohnort: Ein gerade fertiggestelltes Haus in Bel Air, das sie mit der Familie bewohnt
Schule: Privatschule in L. A. Bisher keine Pläne fürs College
Favoriten:
  Farbe: Rot
  Schauspielerin: Julia Roberts
  TV-Serien: Doogie Howser, Remington Steele
  Essen: Italienisch
  Bücher: Alles von Stephen King, Danielle Steel oder Jackie Collins
  Film: Denn sie wissen nicht, was sie tun (James Dean)
  Sängerin: Madonna
  Sport: Einkaufen – darin müßte Tory eigentlich eine Goldmedaille bekommen!
  Freizeitbeschäftigung: Tori feuert die L. A. Kings an (Hockey) sowie die California Angels (Baseball) – Ihrem Vater gehört das Team!
Andere Talente: Schreiben, zeichnen

Beste Eigenschaft: Ihren Freunden gegenüber loyal zu sein
Zukunftsziel: Als gute Schauspielerin und Komödiantin anerkannt zu sein

# Über die Autorin

Randi Reisfeld ist die Chefredakteurin der Zeitschrift ›16‹, das führende Unterhaltungsmagazin für Teenager. Sie hat ungezählte Berühmtheiten interviewt oder über sie geschrieben. Zu ihren Buchveröffentlichungen gehören Biographien über Johnny Depp, Debbie Gibson, Matthew und Gunnar Nelson. Sie hat an der Autobiographie von Vanilla Ice mitgearbeitet und ist die Autorin des Buches ›So You Want To Be A Star‹, einem Leitfaden für Jugendliche, die ins Showgeschäft einsteigen wollen.

Ihre Arbeiten sind auch in der New York Times erschienen, in Woman's World, Scholastic und Little League Magazinen.

Sie lebt mit ihrer Familie in New York. Und natürlich läßt sie sich keine Folge von Beverly Hills 90210 entgehen.

# STEPHEN KING
## Das entsetzliche Lesevergnügen

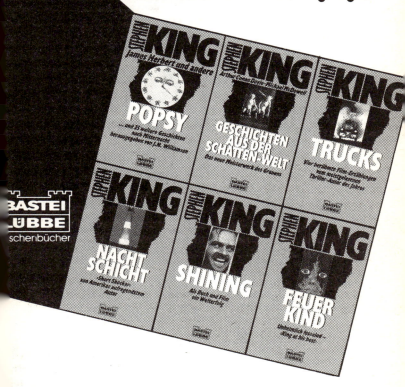

**Band 13 449
Bram Stoker
Dracula**

Eigentlich war Jonathan Harker, der britische Gentleman, nur nach Transsylvanien gekommen, um über Häuser und Grundstücke zu verhandeln. Aber auf dem Schloß von Graf Dracula ziehen atemberaubende Entdeckungen Harker in den Bann: Der rotgewandete Graf ist ein blutsaugender Untoter; und in dem Zimmer, vor dem Dracula seinen Gast so eindringlich gewarnt hatte, lauern erotische Verlockungen und Abgründe, die den jungen Harker vollständig verwirren.

BRAM STOKER hat in diesem großen Roman Tod und Erotik auf faszinierende Art zusammengeführt. Sein 1897 erschienener ›Dracula‹ gehört heute zur Weltliteratur, sehr im Unterschied zu seinen ungezählten Plagiaten. In dieser Ausgabe, einer ganz neu erstellten und originalgetreuen Übersetzung, wird erfahrbar, auf welch unterschiedliche Weise sich dieses packende Epos lesen läßt: als ›gothic novel‹ und Horrorroman, als viktorianisches Zeitgemälde, als vor Einfällen übersprudelnder Abenteuerroman – und nicht zuletzt als die grandiose Phantasie einen Menschen, der die Macht der Triebe zu fürchten gelernt hat.

**Sie erhalten diesen Band
im Buchhandel, bei Ihrem
Zeitschriftenhändler sowie
im Bahnhofsbuchhandel.**